Christiane Steffan

Noch 24 Tage bis Weihnachten

Mit Illustrationen von Antje Hagemann
und Geschichten von Sandra Grimm

INHALT

📖 Geschichte
🎵 Lied
🎶 Gedicht
✂️ Basteln
👼 Backen

1. Dezember
✂️ Futterbehälter 4
🎵 Alle Jahre wieder 6

2. Dezember
✂️ Schaukeltannen 8
📖 Das neugierige kleine Engelchen 10
✂️ Schneekerzen 12

3. Dezember
✂️ Weihnachtskerzen 14
👼 Vanillekipferl 16

4. Dezember
✂️ Salzteigfiguren 18
✂️ Marzipanmäuse 20
🎶 Ich wünsch mir was 22

5. Dezember
✂️ Nikolausstiefel 24
🎵 Lasst uns froh und munter sein 26

6. Dezember
✂️ Zitruswichtel 28
📖 Hilfe für den Nikolaus 30
👼 Butterplätzchen 32

7. Dezember
✂️ Windlichter 34
🎶 Der Bratapfel 36

8. Dezember
✂️ Lebkuchenstand 38
✂️ Tolle Eisscheiben 40
👼 Engelsaugen 42

9. Dezember
✂️ Schneekönigin 44
📖 Weihnachtsbriefe vom Postengelchen 46

10. Dezember
✂️ Weihnachtskarten 48
✂️ Schneemänner 50
🎵 Leise rieselt der Schnee 52

11. Dezember
✂️ Schneeflöckchen 54
👼 Zitronenherzen 56

12. Dezember
✂️ Fenstersterne 58
📖 Mattis hat ein Geheimnis 60

13. Dezember
✂️ Zwei Rentiere 64
🎶 Wenn es Winter wird 66

14. Dezember
✂️ Süßer Engel 68
✂️ Schneeengel 70
🎵 Ihr Kinderlein kommet 72

15. Dezember
✂️ Porzellan 74
👼 Mandelplätzchen 76

16. Dezember
✂️ Chenillefiguren 78
✂️ Leckere Rentiere 80
🎵 O du fröhliche 82

17. Dezember
✂️ Aststern 84
🎶 Vom Christkind 86

18. Dezember
✂️ Winterstadt 88
📖 Die leckersten Plätzchen der Welt 90
✂️ Eisgugelhupf 92

19. Dezember
✂️ Geschenkpapier 94
👼 Zimtsterne 96

20. Dezember
✂️ Tassenwärmer 98
✂️ Im Winterwald 100
🎵 O Tannenbaum 102

21. Dezember
✂️ Wackelkandidaten 104
🎶 Weihnachten 106

22. Dezember
✂️ Fimo®-Schneekugel 108
📖 Ein Chor auf der Autobahn 110
✂️ Schneegesicht 112

23. Dezember
✂️ Anhängsel 114
🎵 Morgen, Kinder, wird's was geben 116

24. Dezember
✂️ Weihnachtskrippe 118
📖 Jakob und Jesus 120

Grundanleitung 122
Vorlagen 124

1. DEZEMBER

Hört, ihr Vögel weit und breit:
Heut beginnt die Weihnachtszeit!
Fliegt nur her und ruht euch aus –
dies wird euer Futterhaus.

FUTTERBEHÄLTER

Diese lustige Katze werden Vögel lieben

Schritt 1 Lass dir zunächst von einem Erwachsenen helfen: Schneide von den Joghurtbechern die kleinen Ecken ab und klebe die Kanten der großen Becher mit Heißkleber übereinander fest zusammen. Übermale evtl. Etiketten mit weißer Acrylfarbe und verziere den Behälter mit lila Punkten, die du mit einem Wattestäbchen auftragen kannst.

Schritt 2 Übertrage die Vorlagen für das Dach- bzw. Kopfteil, die Ohren, den Hut und die Nase auf Transparentpapier, schneide sie aus und zeichne die Umrisse auf dem Moosgummi nach. Schneide alle Teile aus, die Ohren zweimal. Schneide in Kopf und Hut Schlitze ein (siehe Vorlage Seite 124).

Schritt 3 Übertrage das Gesicht mit Hilfe des Transparentpapiers auf den Kopf und male die Backen rosa aus. Zeichne Augen und alle anderen Linien mit wasserfestem Filzstift auf. Nase und Augen bekommen weiße Lichtpunkte. Male das Innere der Ohren rosa an und klebe nach dem Trocknen die beiden Laschen ca. 5 mm breit übereinander. Nun kannst du die Ohren über den Bäckchen am Kopf festkleben.

Schritt 4 Forme den Kopf zu einem spitzen Dach, indem du das eine Seitenteil neben dem Schlitz über das andere Seitenteil schiebst und sichere die Kanten mit dem Heftgerät. Du kannst auch Klebstoff dazwischengeben, damit alles hält.

Schritt 5 Lass die Ecken des Futterbehälters von einem Erwachsenen mit einer Lochzange lochen. Mach an die Enden von drei 30 cm langen und einer 60 cm langen Schnur jeweils einen festen Doppelknoten und ziehe sie je durch eines der Löcher nach

Material

- Moosgummi in Weiß, 2 mm dick, 30 cm × 45 cm
- Moosgummireste in Lila und Rot, 2 mm dick
- Pompon in Weiß, ø 2 cm
- Acrylfarben in Rosa, Lila und Weiß
- 4 quadratische Joghurtbecher mit Ecke
- feste Bindschnur in Rot-Weiß oder Naturfarben, ca. 1,50 m lang
- Filzstift in Schwarz, wasserfest
- Heftgerät

oben. Verknote die Schnüre in ca. 25 cm Höhe fest miteinander. Der Knoten sollte genau in der Mitte des Futterbehälters sein.

Schritt 6 Stich mit einer spitzen Schere durch die Spitze von Kopf und Hut und fädle die lange Bindschnur durch beide durch, bis der Kopf auf dem Knoten aufsitzt. Klebe den Pompon um die Schnur oberhalb des Hutes. Zieh dafür den Pompon auseinander, gib Klebstoff hinein und lege ihn um die Schnur. Darüber knotest du eine Aufhängeschlaufe. Damit alles gut hält, sollte dir ein Erwachsener mit Heißkleber alle Knoten an Behälter und Spitze festkleben.

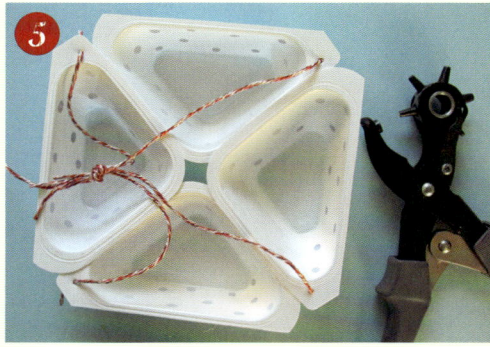

Alle Jahre wieder

1. Al - le Jah - re wie - der kommt das Chris - tus - kind auf die Er - de nie - der, __ wo wir __ Men - schen sind.

2. Kehrt mit seinem Segen
ein in jedes Haus,
geht auf allen Wegen
mit uns ein und aus.

3. Ist auch mir zur Seite
still und unerkannt,
dass es treu mich leite
an der lieben Hand.

2. DEZEMBER

Du und ich, wir basteln gerne,
Krippe, Tannen, Weihnachtssterne –
damit niemand hier vergisst,
dass bald Weihnachtsabend ist!

SCHAUKELTANNEN

Schwierigkeitsgrad
● ○ ○

Vorlage
Seite 124

... und schwingende Weihnachtsmänner

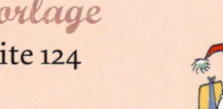

Material

- Tonpapier in Grün, A5 (= 1 Tanne)
- Tonpapierreste in Rot, Blau, Hautfarbe, Gelb, Pink und Weiß
- Wattepads in Weiß
- Motivlocher Stern (ø 1,2 cm) oder Schneestern (ø 2,5 cm)
- Pompons in Rot und Weiß, ø 1 cm
- 2- oder 5-Cent-Stücke

Schritt 1   Fertige die drei Schablonen für die Tanne aus Transparentpapier an und übertrage die Umrisse auf das grüne Tonpapier. Schneide die Streifen zu, radiere Bleistiftreste weg und bemale sie nach Belieben mit Filzstiften. Klebe die Streifen an den breiten Kanten ca. 1 cm breit mit Alleskleber zu einer Rolle zusammen. Die kleinste Rolle (später die Spitze) drückst du oben an der schmalen Stelle flach zusammen.

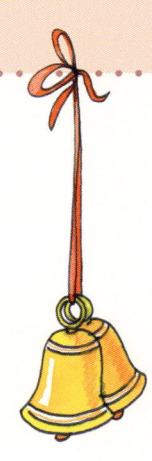

Schritt 2   Klebe nun die drei Rollen übereinander als Tanne zusammen, die breite Rolle nach unten, die kleine als Spitze nach oben. Damit die Tanne stehen und hin- und herschwingen kann ohne umzufallen, klebst du innen auf die Bodenmitte der großen Rolle mit Kraftkleber eine kleine Münze fest. Zuletzt kannst du deine Tanne mit Herzen oder Sternen schmücken oder du klebst viele kleine Locherpunkte auf.

Schritt 3   Für den Weihnachtsmann brauchst du zwei Rollen, die du ebenso übereinanderklebst. Die Rolle für die Mütze an der schmalen Stelle flach drücken und einen weißen Pompon ankleben. Lege einen Wattepad in der Mitte zusammen, schneide einen spitzen Bart aus und falte ihn wieder auseinander. Auf den Bart klebst du das Gesicht, das du mit Bunt- und Filzstiften bemalt hast, und fixierst darüber den Schnurrbart, der beim Zuschneiden des Bartes angefallen ist. Ein roter Pompon ist die Nase. Den fertigen Kopf klebst du auf die obere Rolle des Körpers und innen ergänzt du, wie bei der Tanne beschrieben, eine Münze.

Das neugierige kleine Engelchen

MIA HATTE EINEN wunderschönen Wunschzettel gemalt. Auf rotem Papier glitzerten silberne Sterne und grüne Tannenbäume. Die Wünsche waren mit goldenem Stift gemalt und Mia hatte auch liebe Grüße an die Engelchen darauf geschrieben. Stolz legte sie den Wunschzettel vor die Tür, damit die Engelchen ihn abholen konnten.

Doch was war das? Am nächsten Tag lag der Zettel immer noch dort. Verwundert faltete Mia ihn auf. Ein gelber Leuchtstern war mitten darauf gestempelt und darunter stand: Was ist denn ein Flummi?

Mia drehte den Zettel hin und her. Wer hatte das nur geschrieben? In diesem Augenblick plumpste etwas auf ihre Schulter. Mia wollte es gerade wegwischen, als sie merkte, dass es sich bewegte. Es war ein Engelchen! Ein kleines, über und über weißes Engelchen! „Du bist ja ganz weiß", staunte Mia. Der Engel schaute zu seinen Flügeln. „Nein, sieh mal, die Flügel glitzern golden", sagte er stolz. „Und die Haare auch." Mia lächelte. Das stimmte. Der Engel schnappte sich Mias Wunschzettel und wedelte damit vor ihrer Nase herum. „Ich bin zu dir gekommen, um dich zu fragen, was ein Flummi ist", erzählte er. Mia trug den Engel in ihr Zimmer und setzte ihn auf ihr Bett. „Ich dachte, ihr Engel kennt alles, was sich die Kinder wünschen", sagte sie erstaunt. Der Engel hüpfte auf den Kissen herum. „I wo", sagte er. „Woher denn? Wir fliegen zwar immer wieder zur Erde und sehen uns um, aber manches kennen wir auch nicht", erklärte der Engel. „Du willst mir erzählen", fragte Mia misstrauisch, „dass ihr noch nie einen Flummi für irgendein Kind auf der Erde gemacht habt?" Mia schaute den Engel zweifelnd an. Der Engel lachte. „Meine Güte, du bist ja strenger als der Weihnachtsmann! Na gut, ich gebe es zu, ich weiß, was ein Flummi ist. Aber ich wollte unbedingt mal auf die Erde. Ich war nämlich noch nie dran." Er schob beleidigt seine kleine Unterlippe vor. Mia nickte. Das konnte sie verstehen. Der Engel zupfte verlegen an seinem Flügel. „Ich habe dem Weihnachtsmann erzählt, ich müsste etwas auf deinem Wunschzettel klären." Er seufzte. „Das haben wir dann wohl erledigt. Nun muss ich leider zurückfliegen." Mia grinste. „Warte hier", sagte sie. Rasch flitzte sie in die Küche und holte ein paar Weihnachtskekse, ein Saftpäckchen und ein bisschen Schokolade. „Hier", sagte sie. „Ich schenke dir auch was." Das Engelchen strahlte. „Für mich? Mir hat noch nie jemand etwas

geschenkt!" Er tippte mit dem Finger auf die leckeren Sachen, die sofort mit einem lustigen Knistern klitzeklein wurden. Dann steckte er sie sorgfältig in die Taschen seines weißen Kleides. „Gib mir einen Engelsklatscher!", rief er und hob die Hand. Mia streckte überrascht ihre Hand in die Luft. Da sauste der Engel durch die Luft und klatschte mit seinem kleinen Händchen in Mias Handfläche. „Auf Wiedersehen und vielen Dank", sagte der Engel und verschwand durchs offene Fenster. Mia lachte. Und als sie in ihre Hand schaute, entdeckte sie eine winzige, goldene Hand – einen glitzernden Engelsstempel!

An Heiligabend bekam Mia natürlich doch einen Flummi. Er war wunderschön, mit Sternenglitzer drin. In der Mitte schwebte ein kleiner Engel. Um den Flummi herum war ein Band geschnürt, an dem ein Kärtchen hing. Darauf stand: „Für Mia". Und darunter glitzerte – eine kleine, goldene Hand.

SCHNEEKERZEN

Stimmungsvoll und leuchtend schön

Material

- 3 Saftflaschen aus transparentem, dünnem Plastik
- Glasmalfarben in Gelb und Rot
- Teelichter, Teelichtgläser oder -hülsen

Tipp

Trotz Glas schmilzt das heiße Teelicht langsam in die Kerze hinein und lässt evtl. die Plastikflamme wanken. Als standhafte Alternative kann man drei runde Holzscheite mit Schnee ummanteln und darauf die Teelichter und Flammen abstellen.

Beim Zuschneiden der Plastikflaschen sollte dir ein Erwachsener helfen. Ihr stecht mit einer spitzen Schere in die Flasche und schneidet den Flaschenhals samt Rundung ab, sodass eine gut stehende Kante entsteht. In 12–15 cm Höhe wieder einstechen, den Flaschenboden abschneiden und rundum in den oberen Röhrenrand Zacken einschneiden. Nun sind die Flammen bereit zum Bemalen mit gelber Glasmalfarbe. Nachdem diese getrocknet ist, malst du im unteren Bereich mit roter Farbe Flammen drüber und läst auch diese trocknen.

Liegt draußen nass-klebriger Schnee, kannst du inzwischen die drei Kerzen gestalten. Forme hierzu jeweils einige Schneekugeln, setze sie übereinander und fülle die Zwischenräume fest mit weiterem Schnee auf. Der obere Abschluss sollte flach sein, damit Kerzen und Plastikflammen sicher stehen können.

In der Dämmerung kannst du die Teelichter anzünden lassen und in Gläsern auf die Kerzen setzen (evtl. ein kleines Loch dafür auskratzen). Darüber stülpst du die bemalten Flammen und drehst sie fest in den Schnee hinein. Jetzt kannst du den leuchtenden Anblick genießen.

3. DEZEMBER

Schau nur draußen, wie im Dunkeln
überall die Lichter funkeln!
All die Lämpchen und die Kerzen
scheinen bis in unsre Herzen.

WEIHNACHTSKERZEN

Schwierigkeitsgrad
●●○

Vorlage
Seite 131

Strahlend schön und festlich

Kerzen gehören ebenso
zur Adventszeit wie
Plätzchen und Sterne.
Diese Ritzkerzen sind
schnell gemacht.

Material

- Rustica-Stumpenkerzen, ca. ø 7 cm, 8 cm oder 13 cm hoch, in Grün, Weiß, Gelb, Rot und Orange
- Wachsverzierstifte in Weiß, Rot und Gelb
- Acrylhalbperlen oder Strasssteine, ø 6 mm, in Orange, Grün und Klar
- Schaschlikstäbchen, viel Küchenpapier, weicher Pinsel

Schritt 1   Übertrage die Vorlage auf Transparent- oder Tonpapier und schneide sie aus. Lege sie an der gewünschten Stelle auf deine Kerze und ritze die Kontur mit der Spitze eines Schaschlikstäbchens leicht ein. Wenn du eine Kreisschablone hast, kannst du für die Schneesterne auch diese auflegen. Ritze nun die Kontur mit dem Stäbchen tief ein. Dabei fallen Wachsspäne an, die du mit einem weichen Pinsel wegwischen kannst. Achte darauf, dass du deine Kerze nicht in die Wachsspäne legst, sie drücken sich sonst auf der Rückseite fest. Die inneren Muster der Motive wie Schneestern, Kringel oder Mund und Nase des Mondes ritzt du freihand mit dem Schaschlikstäbchen tief ein. Beim Herz kannst du eine zweite kleinere Schablone auflegen und einritzen.

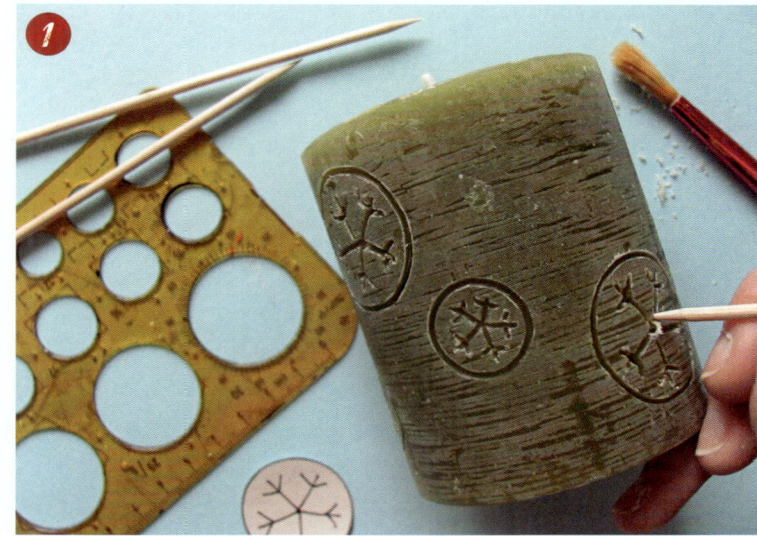

Schritt 2   Sind alle Motive eingeritzt und alle Wachsspäne entfernt, füllst du die Linien mit einem Kerzenstift auf. Reiße aus Küchenpapier kleine Stücke aus und wische das Kerzenwachs mit dem Papier immer nach innen ins Motiv. Es verteilt sich so gleichmäßig in alle Ritzen. Nimm immer wieder ein neues Stück Küchenpapier, damit kein Wachs außerhalb des Motivs gelangt. Lass das Wachs antrocknen und wiederhole diesen Vorgang noch ein- oder zweimal, bis alle Linien satt gefüllt sind. Klebe Halbperlen oder Strasssteine mit dem Wachsstift an und lass die Kerzen über Nacht trocknen.

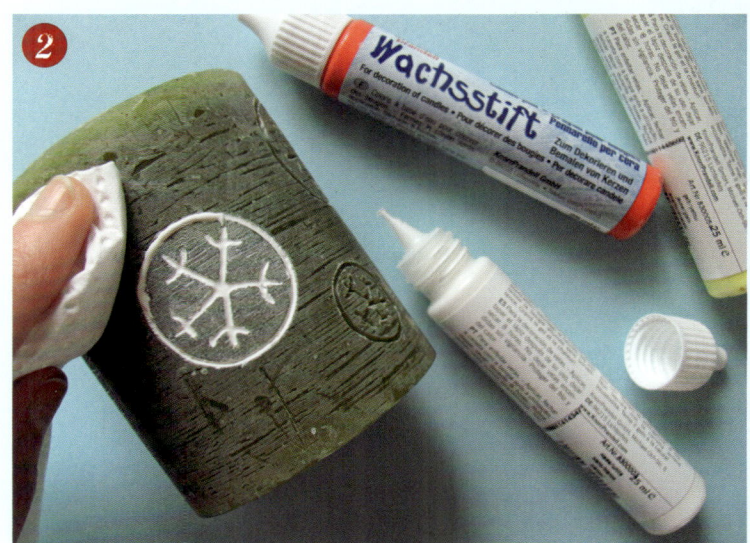

VANILLEKIPFERL

Riechst du auch den Plätzchenduft?

Liegt Weihnachten schon in der Luft?

200g Mehl · 50 g Speisestärke
200g Butter · 1 Eigelb
100 g und 200 g Zucker
125 g gemahlene Mandeln
2 Vanillestangen

Gib Mehl, Stärke, Butter, Eigelb, die gemahlenen Mandeln und 100 g Zucker in eine Schüssel und verrühre alles, bis der Teig geschmeidig ist. Schneide die Vanillestangen längs auf und kratze das Mark heraus. Mische dann das Vanillemark mit 200 g Zucker.

Gib Backpapier auf ein Backblech, forme aus dem Teig kleine Hörnchen und lege sie auf das Backblech.

Im vorgeheizten Backofen (E-Herd: 200 Grad / Umluft: 175 Grad / Gas: Stufe 3) werden die Hörnchen ca. 12 Minuten gebacken, bis sie hellgelb sind. Wende die noch warmen Hörnchen in dem Vanillezucker – fertig!

4. DEZEMBER

Kann man nicht nach draußen gehn,
machen wir's uns drinnen schön.
Und wir naschen dann und wann
eine Kugel Marzipan!

SALZTEIGFIGUREN

Lustige Kerzenständer und Dekos

Tipp
Lustig sind auch die kleinen Christbaumkugeln aus Salzteig. Dafür die Halterungen von zerbrochenen Kugeln in kleine Salzteigbälle stecken, im Ofen mitbacken und die Bälle danach bunt anmalen.

Du kannst den Kerzenständern natürlich auch noch andere Gesichter zaubern oder sie mit bunten Mustern bemalen.

Schritt 1 Mische und verknete alle Zutaten zu einem glatten Teig. Er sollte gut formbar, aber nicht zu weich sein. Gib sonst noch etwas Mehl oder, wenn er zu fest ist, etwas Wasser dazu. Das Rezept reicht für alle abgebildeten Motive. Lege ein Backblech mit Backpapier aus. Darauf kannst du die Figuren formen und musst sie später nicht mehr herunterheben.

Schritt 2   Für die Kerzenständer mit Gesicht formst du eine große Salzteigkugel und drückst die Stumpenkerze hinein. Die Kugel verformt sich dadurch nach unten. Rolle für den Bart und die Schneemannnase Kugeln, drücke sie flach und forme auf einer Seite eine Spitze. Setze die For-men auf den Kerzenständer, du kannst die Unterseite dazu leicht anfeuchten. Forme Kugeln für die Schneemannau-gen, den Mund sowie für die Weihnachtsmannnase. Für den Schneemannhut formst du eine lange Salzteigwurst, drückst sie flach und legst sie als Hutkrempe um den Rand des Kerzenabdrucks. Bringe darüber eine dünne Salzteig-wurst an. Lege auch beim Weihnachtsmann eine Salzteig-wurst um den Kerzenabdruck.

Schritt 3   Für das Orangen-Teelicht formst du eine mittelgroße Kugel und drückst das Teelicht leicht ein. Stich ringsum mit einer Gewürznelke Löcher hinein. Für die Deko-Orange formst du ebenso eine Kugel, bringst einen Stiel und Blätter an und stichst ringsum Löcher ein. Hast du deinen Salzteig verarbeitet, wird er im Backofen langsam getrocknet. Beginne mit einer Temperatur von 50°C (1 Stunde) bei einer leicht geöffneten Ofentür, damit die Feuchtigkeit entweichen kann. Danach wird der Teig weitere Stun-den bei 100°C getrocknet, je nach Teigstärke. Lass das besser einen Erwachsenen machen. Dann lässt du die Figuren noch 1–2 Tage an der Luft trocknen.

Schritt 4   Male die Figuren mit verdünn-ter Acrylfarbe an. Die zweite Schicht trägst du mit unverdünnter Farbe auf. Lackiere die Figuren noch mit Klar- oder Mattlack (auch unten), damit sie vor Feuchtigkeit geschützt sind. Klebe zuletzt in die Lö-cher der Orangen mit Kraftkleber Nelken ein. Sollten sich die Kerzenständer beim Backen etwas verformt haben, schneidet man die Kerzen mit einem Messer unten passend zu.

MARZIPANMÄUSE

Klein, aber unwiderstehlich süß!

Zutaten

- Marzipankartoffeln
- Mandelblättchen
- Fruchtgummischnecken in Gelb und Orange
- Zuckerschrifttuben in Gelb, Rot und Braun
- goldene Schokomünzen
- Zahnstocher

Tipp

Für größere Mäuse kannst du mehrere Marzipankartoffeln miteinander verkneten oder du verwendest Marzipanrohmasse aus dem Supermarkt.

Schritt 1 Drücke und forme eine Marzipankugel auf einer Seite zu einer Spitze, damit sie wie eine Maus aussieht. Schneide von der orangefarbenen Gummischnecke ein Stück ab und halbiere es längs. Stich mit dem Zahnstocher ein Loch in den dicken Teil der Maus und schiebe das Fruchtgummiteil hinein. Drücke es mit dem Zahnstocher rein, falls es sonst nicht klappt.

Schritt 2 Ritze mit einem kleinen Messer Schlitze für die Ohren in die Maus und stecke darin zwei kleine Mandelblättchen fest. Bemale Augen und Nase der Maus mit Zuckerschrift und klebe sie nach Belieben mit gelber Farbe auf Fruchtgummischnecken oder auch Schokomünzen fest.

Ich wünsch mir was

◆ Kindervers ◆

Ich wünsch mir was!
Was ist denn das?
Das ist ein Schloss aus Marzipan
mit Türmen aus Rosinen dran
und Mandeln an den Ecken.
Ganz zuckersüß und braungebrannt
und jede Wand aus Zuckerkand:
Da kann man tüchtig schlecken!
Und Diener laufen hin und her
mit Saft und Marmelade
und drinnen, in dem Schlosse drin,
sitzt meine Frau, die Königin,
die ist aus Schokolade!

5. DEZEMBER

Ein Stück Filz, schön weich und lang,
das lag bei mir im Bastelschrank.
Komm, nähen wir für Nikolaus
einen Filzstiefel daraus?

NIKOLAUSSTIEFEL

Schwierigkeitsgrad
●●●

Vorlage
Seite 127

Sorgt für süße Überraschungen

Schritt 1 Übertrage die Stiefel-vorlagen auf Transparentpapier und schneide sie aus. Lege die Schablonen auf den passenden Filz, umrande sie mit wasserfestem Filzstift und schneide sie mit der Stoffschere zu. Bis auf den Mäusekopf brauchst du alle Teile doppelt.

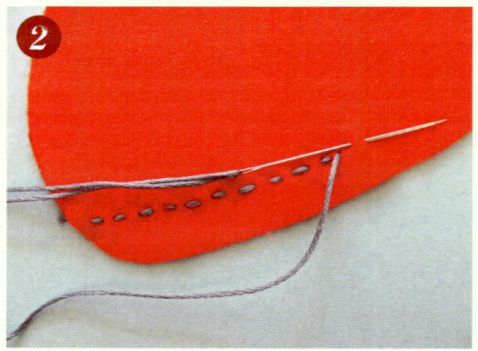

Schritt 2 Verziere das Vorderteil des Stiefels mit blauer Stickerei. Sie wird im einfachen Vorstich gestickt. Mache einen Knoten in das Stickgarn und stich mit der Nadel durch den Filz nach oben. Stich wieder mit der Nadel nach unten und im gleichen Abstand wieder nach oben und fahre so fort. Mach am Ende auf der Rück-seite wieder einen Knoten.

Material

- dünner Bastelfilz in Rot, 2 × A4
- dünne Bastelfilzreste in Hellblau, Weiß und Grün
- Formfilzrest in Schwarz (Augen)
- Karoband in Rot-Weiß, 6 mm breit, 15 cm lang
- Sticknadel und Stickgarn in Weiß, Blau und Rot
- Papierdraht in Weiß, ø 2 mm, 10 cm lang
- Holzperle in Weiß, ø 1 cm
- 2 Knöpfe in Rot, ø 1,5 cm
- Kreidestift in Rot, Stoffschere, Stecknadeln

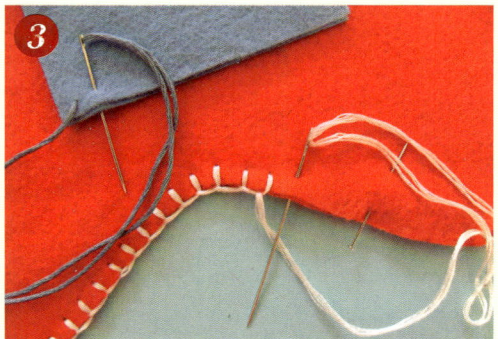

Schritt 3   Lege die beiden Stiefel genau übereinander und nähe sie am Rand mit dem Schlingstich zusammen. Es wird immer von innen nach außen gestickt. Der erste Stich erfolgt von unten nach oben, der zweite und alle folgenden Stiche von oben nach unten, alle ca. 5 mm vom Rand entfernt. Die Schlinge entsteht, indem du die Nadel beim Anziehen des Fadens über das Stickgarn legst. Lege auch die blauen Krempen übereinander und nähe die kurzen Seiten mit Schlingstich zusammen.

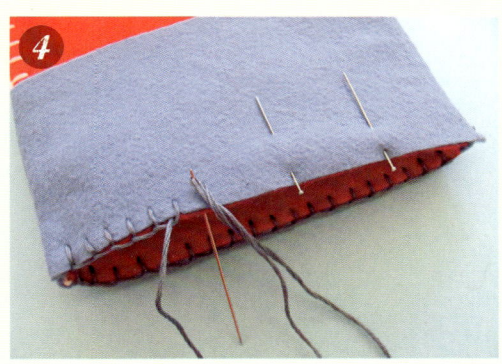

Schritt 4   Wende die Krempe, sodass die Nähte nun innen liegen und schiebe sie über den Stiefel. Die Ränder sollen mit dem Stiefel bündig abschließen. Sichere sie mit Steck-nadeln, damit nichts verrutscht und nähe Krempe und Stiefel mit dem Schlingstich zusammen.

Tipp
Wem das Sticken zu lange dauert, der kann stattdessen auch alle Teile mit Alleskleber verbinden.

Schritt 5   Spitze den Kreidestift, reibe mit dem Finger in den Farb-bröseln und schattiere damit die Backen der Maus. Stick den Mund mit rotem Vorstich auf und klebe Formfilzaugen auf, deren Pupillen mit Lackmalstift aufgemalt sind. Male die Striche in den Ilexblättern mit Filzstift auf und klebe alle Filzteile mit Alleskleber auf den Stiefel. Verknote Stickgarn in den Knöpfen und klebe sie als Nase und Ilexbeere fest. Klebe das Karoband zu einer Schlaufe und fixiere sie mit Kraft-kleber in der rechten Stiefelecke. Klebe die Holzperle an ein Papier-drahtende und klebe das zweite Ende hinter der Maus in den Stiefel.

Lasst uns froh und munter sein

1. Lasst uns froh und munter sein
und uns recht von Herzen freun!
Lustig, lustig, traleralera!
Bald ist Nikolaus-abend da,
bald ist Nikolaus-abend da!

2. Dann stell' ich den Teller auf,
Nik'laus legt gewiss was drauf.
Lustig, lustig, …

3. Wenn ich schlaf', dann träume ich:
Jetzt bringt Nik'laus was für mich.
Lustig, lustig, …

4. Wenn ich aufgestanden bin,
lauf' ich schnell zum Teller hin.
Lustig, lustig, …

6. DEZEMBER

Oh, welch weihnachtlicher Duft
liegt heut Morgen in der Luft
von Nüssen oder Mandarinen,
Nelken und auch Apfelsinen!

ZITRUSWICHTEL

Schwierigkeitsgrad
●●○

Vorlage
Seite 126

Duftige Kerlchen aus Orangen und Mandarinen

Tipp

Frisch geschälte Mandarinenschalen kann man prima mit Mini-Ausstech-förmchen ausstechen und als duftende Dekoration verwenden. Sie trocknen ein und halten lange.

Schritt 1 Für den großen Zitrus-wichtel klebst du den Zahnstocher mit Kraftkleber (oder ein Erwachsener mit Heißkleber) in das Loch der großen Holzkugel und lässt es gut trocknen. Zwischenzeitlich schneidest du mit dem Ziseliermesser Muster in eine Orange. Lass dir von einem Erwach-senen helfen! Du setzt das Messer (Zacken nach unten) auf der Orange an und ziehst es durch die Schale hin-durch. Du kannst Streifen, Wellen oder auch Kreise ausschneiden.

Material

- unbehandelte Orangen und Mandarinen
- Ziseliermesser (Haushaltswaren)
- Filzrest in Grün
- Alusternchenfolienreste in Gold
- Rohholzkugeln mit einseitigem Loch, ø 30 mm und ø 35 mm
- Rohholzhalbkugel, ø 12 mm
- Pompons in Rot, 2 × ø 1,5 cm, 1 × ø 2 cm
- Märchenwolle in Weiß
- Acrylfarben in Rot, Gelb, Weiß und Hellgrün
- Zahnstocher

Schritt 2 Klebe als Nase die Halbkugel mit Kraftkleber auf die Holzkugel und male das Gesicht mit Filzstiften (oder Acrylfarbe) und rotem Buntstift an. Klebe die beim ersten Schritt angefallenen Orangenschalenstreifen als Haare auf dem Kopf fest.

Schritt 3 Mach dir eine Schablone für die Mütze, umfahre sie auf der Sternchenfolie und schneide sie aus. Forme das Folienstück zu einem Kegel, der gut über die Wichtelhaare passt, klebe ihn zusammen und verziere ihn mit einem Pompon. Klebe die Mütze auf den Kopf und stecke diesen mit dem Zahnstocher oben in die Orange. Binde noch einen Filzschal (z.B. 1 cm x 13 cm) um den Hals. Der kleine Wichtel wird genauso gemacht, nur seine Nase wird aufgemalt. Sein Körper ist eine mit Acrylfarben bemalte Mandarine.

Schritt 4 Für den Wichtel mit Bart schneide die große Mütze aus Filz zu und klebe sie zu einem Kegel zusammen. Fixiere etwas Märchenwolle als Bart in der Mütze und ergänze außen einen Pompon als Nase. Setze die Mütze auf einen Apfel oder eine Orange.

Hilfe für den Nikolaus

„WAS MACH ICH nur, was mach ich nur?" Der Nikolaus läuft aufgeregt durch sein großes Wohnzimmer. Immer wieder sieht er zu dem Schrank, an den er sein Nikolausgewand gehängt hat. Der lange Bischofsmantel mit dem goldenen Saum ist voller Löcher. Die glänzende Mitra, der wunderschöne Hut des Nikolaus', ist an den Kanten angenagt. „Diese verflixten kleinen Mäuse", jammert der Nikolaus. „So kann ich doch nicht zu den Kindern gehen, wie sieht das denn aus!" Er kratzt sich nachdenklich am Bart. Dann schaut er nach draußen. „Es nützt nichts. Es ist schon spät, ich muss jetzt los, sonst schaffe ich es nicht, alle Kinder zu beschenken." Der Nikolaus seufzt noch einmal, dann zieht er sich einfach seinen langen, warmen Bademantel über und setzt die Pudelmütze auf den Kopf. Als er die Tür öffnet, lacht der Esel ihm ein heiseres „I-ah!" entgegen. „Wie siehst du denn aus? Rote Jacke, rote Mütze – und überall dieser weiße Puschelpelz am Rand! Das steht dir gar nicht!" Der Nikolaus tätschelt den grauen Eselhals. „Ach, sei nur still, mein Eselchen. Es geht nun einmal nicht anders." Dann machen sich die beiden auf den langen Weg.

Der Nikolaus wandert mit seinem Esel von Haus zu Haus und füllt Stiefelchen um Stiefelchen. Schon bald kommt ihm ein älterer Mann entgegen. Er lacht den Nikolaus an, hebt höflich seinen Hut und ruft ihm zu: „Bist du nicht etwas früh dran, Weihnachtsmann?" Der Nikolaus antwortet verwirrt: „Ja, natürlich, nein, ich meine … ich bin doch der Nikolaus!" Aber der Mann geht schon weiter. Der Nikolaus schüttelt verwundert den Kopf. Wieder greift er in die großen Eselstaschen und bringt die Süßigkeiten zu den Stiefeln und Tellern, die vor den Haustüren stehen.

In der nächsten Straße läuft ihm ein kleines Mädchen hinterher. „Weihnachtsmann, Weihnachtsmann, hier ist mein Stiefel. Hast du was für mich?" Der Nikolaus dreht sich um und lächelt. „Hallo Leonie, ich bin doch der Nikolaus! Der Weihnachtsmann kommt erst an Heiligabend. Ich bringe dir heute Süßigkeiten. Und gibst du mir dafür deinen Wunschzettel?" „Ja, gern", sagt Leonie. Der Nikolaus nimmt Leonies Wunschzettel und füllt ihren Stiefel. „Danke, lieber Weihnachtsmann", ruft Leonie glücklich und rennt davon. „Aber ich bin doch …" Der Nikolaus bleibt stehen. „Das ist ja zum Verrücktwerden", schimpft er. „Alle sind ganz durcheinander heute. Wie kommt das nur, lieber Esel?" Der Esel brummt: „Na, sieh dich doch einmal an, lieber Nikolaus. Roter Mantel, rote Mütze – und überall weißer Pelz. Ein schöner langer Bart dazu – du siehst genauso aus wie der Weihnachtsmann."

Der Nikolaus seufzt. So geht das nicht weiter! Er setzt sich auf das Mäuerchen vor einem alten Haus, um zu überlegen. Aus dem geöffneten Fenster schaut ihn eine ältere Frau an. „Was ist mit Ihnen, guter Mann?" Der Nikolaus begrüßt sie freundlich. „Ich bin der Nikolaus", sagt er. Die Frau lächelt. „Ja, natürlich, heute ist ja dein Tag. Aber wo ist dein Bischofsmantel?" Der Nikolaus erzählt ihr von seinem Pech. Die nette Dame lacht. Dann flüstert sie: „Komm, ich habe etwas für dich." Sie nimmt den Nikolaus mit auf ihren Dachboden. Dort öffnet sie einen alten Schrank. „Jedes Jahr spielt mein Mann beim Kindergartentheaterstück mit", erklärt sie. „Und jedes Mal ist er der Nikolaus. Schau nur!" Im Schrank hängt ein wunderschöner Bischofsmantel mit Mitra – der sieht genauso aus wie der echte! „Du kannst ihn haben", sagt die alte Dame. „Mein Mann spielt in diesem Jahr den Weihnachtsmann." Der Nikolaus strahlt. Rasch probiert er den Mantel an: Er passt prima!

Glücklich wandert der Nikolaus mit seinem Eselchen weiter. Alle Kinder, Männer und Frauen, die ihn sehen, bleiben stehen und staunen. Sein Mantel glänzt im Mondlicht und mit der Mitra sieht er wirklich festlich aus. Die ganze lange Nacht verteilt er mit seinem Esel Süßes an die Kinder.

Ganz zum Schluss bereitet er eine Überraschung für die nette Dame vor: Er rollt einen schönen Schneemann in ihrem Garten. Diesem weißen Kerl legt er seinen roten Mantel um und setzt ihm die rote Mütze auf. Dann steckt er ihm allerhand Süßes in den Schneearm – und einen Zettel: „Ein Weihnachtsmannkostüm für Ihren Mann. Vielen herzlichen Dank für Ihre Hilfe!"

BUTTERPLÄTZCHEN

Plätzchen sticht der Engel aus,
bringt sie auch zu dir nach Haus.

350 g Mehl
275 g Butter
150 g Zucker (Puderzucker)
2 Eigelb · Hagelzucker · Dosenmilch
abgeriebene Schale
einer Zitrone

Knete auf einem Brett zunächst alle Zutaten zu einem glatten Teig zusammen und stelle den Teig anschließend eine halbe Stunde kalt. Danach den Teig 2–3 mm dick ausrollen und beliebig viele Plätzchen daraus ausstechen. Gib die ausgestochenen Plätzchen auf ein leicht gefettetes Backblech. Dann bestreichst du die Plätzchen mit Dosenmilch und bestreust sie mit Hagelzucker. Zum Schluss bei 180 Grad ca. 12 Minuten backen.

7. DEZEMBER

Schau, dort oben in der Ferne
schimmern silbern alle Sterne.
Auch bei mir leuchtet ein Licht,
darum fürchte ich mich nicht!

WINDLICHTER

Für jeden ein leuchtendes Lieblingsmotiv!

Schritt 1 Reiße Transparentpapier in viele kleine Schnipsel. Pinsele einen Joghurtbecher außen stückweise mit etwas Kleister ein, lege Papierschnipsel über die Fläche und streiche noch mal mit Kleister darüber. Fahre so fort, bis der Becher rundum mit Schnipseln bedeckt ist. Trage noch mal eine zweite Papierschicht auf.

Schritt 2 Male auf die frische Papier-Kleisterschicht mit Acrylfarben und einem Haarpinsel dein gewünschtes Motiv dick auf. Lass dich von den Motiven auf dem Foto inspirieren! Mit einem sauberen Wattestäbchen kannst du nun Linien und Muster aus deinem Motiv herausnehmen. Sei dabei ganz vorsichtig, damit die Papierschicht darunter nicht verletzt wird. Verziere dein Motiv zusätzlich mit Wattestäbchenpunkten oder Pinselstrichen.

Schritt 3 Nun wird das Pappmachéwindlicht von einem Erwachsenen in der Mikrowelle auf niedriger Stufe (Auftautemperatur) ca. 8–10 Minuten getrocknet. Die Acrylfarbe sollte beim Herausnehmen trocken sein. Lass das Windlicht abkühlen. Nun löst du es vom Becher, indem du ihn etwas knautschst und aus der Hülle „herausdrehst". Schneide die Ränder des Windlichts gerade zu. Stelle den Joghurtbecher noch mal ins Windlicht (damit es sich nicht verzieht) und lass es endgültig über Nacht trocknen. Das fertige Windlicht mit kleinen Teelichtgläsern oder -hülsen beleuchten!

Material

- Stabile, mittlere bis große Joghurtbecher
- dünnes Basteltransparentpapier in Weiß oder Farbig (Rolle)
- Tapetenkleister, angerührt
- Acrylfarben nach Belieben
- Wattestäbchen
- Borsten- und Haarpinsel
- Mikrowellengerät

Der Bratapfel

❦ Volksgut aus Bayern ❦

Kinder kommt und ratet,
was im Ofen bratet.
Hört wie's knallt und zischt,
bald wird er aufgetischt,
der Zipfl, der Zapfl,
der Kipfl, der Kapfl,
der gelbrote Apfel.
Kinder lauft schneller,
holt einen Teller,
holt eine Gabel,
sperrt auf den Schnabel,
für den Zipfl, den Zapfl,
den Kipfl, den Kapfl,
den goldbraunen Apfel.

8. DEZEMBER

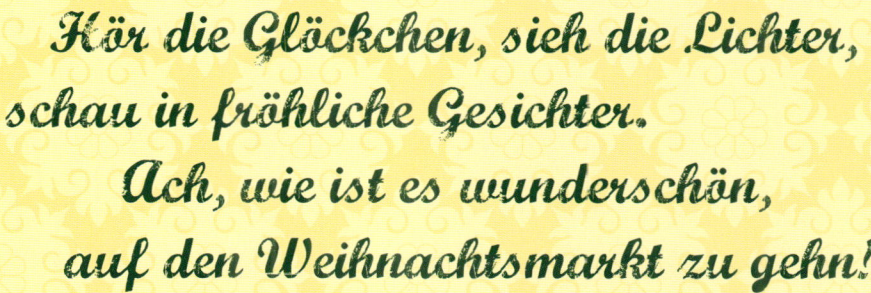

Hör die Glöckchen, sieh die Lichter,
schau in fröhliche Gesichter.
Ach, wie ist es wunderschön,
auf den Weihnachtsmarkt zu gehn!

LEBKUCHENSTAND

Schwierigkeitsgrad
● ● ●

Vorlage
Seite 131

Köstlicher Mittelpunkt des Weihnachtsmarktes

Tipp
Die kleine Marktfrau ist aus einem Holzfigurenrohling (Höhe 7 cm) gebastelt. Nach dem Bemalen kann man Wollhaare und darüber eine Kronkorkenmütze aufkleben. Ein Karoband schmückt den Hals.

Du kannst mit deinen Freunden natürlich auch andere Stände basteln und dir einen ganzen Weihnachtsmarkt bauen. Wie wäre es mit einem Christbaumschmuckstand oder einer Wurstbude, wie du sie auf dem kleinen Foto sehen kannst?

Material

- Milch-Tetrapackung, rechteckige Grundform, ca. 6 cm × 9 cm, ausgespült und trocken
- Acrylfarben in Weiß, Braun, Rosa, Rot, Hellblau und Hellgrün
- Fotokartonrest in Hellbraun
- 3-D-Plusterliner in Weiß und Rot
- Glitterliner in Rosa
- Kreppklebeband
- Streichholz-Innenschachtel, Teelichthülle
- Bindschnur in Weiß-Rot
- Zum Füllen: Bonbons, Pompons, Nüsse, Filzsterne

Schritt 1   Lass dir beim Zuschneiden der Milchpackung von einem Erwachsenen helfen. Der Karton wird an einem schmalen Seitenteil und einem breiten Vorderteil oben und unten entlang der Außenkante eingeschnitten. Im breiten Vorderteil wird in ca. 4 cm Höhe eine waagerechte Linie geschnitten, die dann wiederum 1 cm breit nach vorne gefaltet wird. Hierauf kommen später die gefüllten Kästen. Die beiden seitlichen Zacken von Boden und Deckel nach oben falten. Den Deckel aus dem zugeschnittenen Seiten- und Vorderteil auf Höhe der Zackenspitze quer falten und beidseitig mit Kreppband auf den Zacken festkleben. Das über die Kartonbreite überstehende Dachstück abschneiden. Nun kannst du den Marktstand von außen mit brauner und das Dach mit weißer Acrylfarbe bemalen. Wiederhole diesen Schritt, damit die Farbe gut deckt.

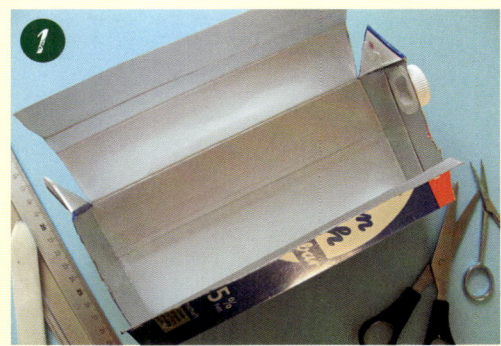

Schritt 2   Nach dem ersten Bemalen kannst du das Dach noch mit Streifen in Rosa und Rot verzieren. Male auch die Streichholzkästchen bunt an. Während die Farben trocknen, fertige dir Schablonen für die Lebkuchen aus Transparentpapier an (siehe Grundanleitung) und schneide diese aus Fotokarton zu. Die kleinen Lebkuchen brauchst du mehrmals. Verziere die Lebkuchen mit den Pluster- und Glitterstiften.

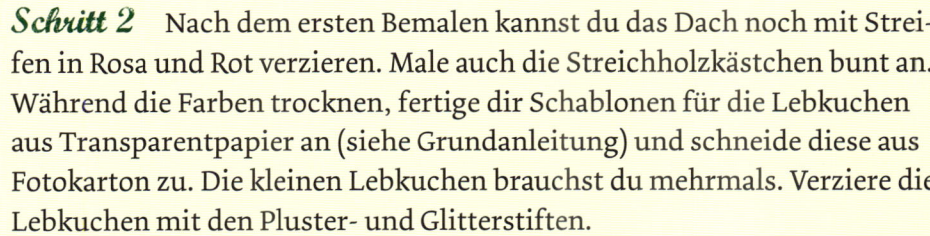

Schritt 3   Sind alle Farben getrocknet, klebst du die leichten Lebkuchen, Pompons und Filzsterne in die Streichholzkästen und fixierst diese auf dem umgeknickten Vorsprung. Schwere Füllungen wie Nüsse und Bonbons stellst du in weiteren Schachteln oder Teelichthüllen zum Stand dazu. Auf dem Dach wird das große Lebkuchenherz mit Klebepads fixiert. Für die hängenden Herzen klebe ein Bindfadenstück mit Klebefilm hinter die Herzen und klebe sie unter dem Dach fest.

TOLLE EISSCHEIBEN

Schwierigkeitsgrad

Vorlage
Seite 127

Die klirrend kalte Nacht hat sie gemacht

Die Eisscheiben sind an klirrend kalten Tagen und Nächten leicht zu machen. Ansonsten kann man sie auch in der Gefriertruhe einfrieren.

Material

- Blumentopfuntersetzer aus Plastik, verschiedene Größen (z. B. 14 cm, 16 cm, 27 cm)
- feste Bindschnur (z. B. Naturfasergarn, Wurstgarn)
- einfarbige feste Plastiktüten
- Holografiefolienrest in Silber, selbstklebend
- Naturmaterial (Zapfen, getrocknete Hagebutten, Eicheln, Orangenscheiben usw.)
- Krepppapier in kräftigen Farben
- große Joghurtbecher

Eisscheiben mit Stern

Für die Sternscheibe brauchst du eine Schablone aus Transparentpapier. Diese legst du auf die Plastiktüte (hier Rot), zeichnest sie ab und schneidest den Stern aus. Wenn du willst, kannst du auf eine Seite Holografiefolie aufkleben, das gibt einen anderen Effekt im Eis. Binde ein Stück Schnur zur Schlaufe. Stelle den großen Topfuntersetzer draußen auf den Boden und fülle ihn mit wenig kaltem Wasser auf. Lege mittig den Stern sowie am Rand die Schlaufe ins Wasser und lasse alles festfrieren. Erst wenn alles gefroren ist, füllst du den Untersetzer bis zum Rand mit Wasser auf und lässt es über Nacht einfrieren. Am Morgen kannst du die Scheibe aus dem Untersetzer stürzen und sie draußen aufhängen.

Eisscheiben mit Naturmaterial

Auf die gleiche Art kannst du auch Scheiben mit Gesichtern aus Zapfen, Eicheln usw. herstellen. Auch hierfür die Teile in wenig Wasser festfrieren lassen (sonst schwimmen sie rum) und dann bis zum Rand auffüllen. Auch kleine Motivlocher-Sterne aus Folie, Plastikspielzeug oder Murmeln kannst du einfrieren, probier es einfach aus!

Bunte Eisscheiben

Für bunte Scheiben füllst du Joghurtbecher mit Wasser und gibst jeweils etwas Krepppapier einer Farbe hinein. Hat sich das Wasser verfärbt, kannst du das Krepppapier mit einem Löffel wieder entfernen (es färbt stark ab). Stelle deine Topfuntersetzer nach draußen in die Kälte, fülle sie bis zum Rand mit dem gefärbten Wasser auf und lasse sie über Nacht einfrieren. Am nächsten Morgen kannst du sie in den Schnee oder in die Erde stecken und nachts mit einem Windlicht dahinter beleuchten!

ENGELSAUGEN

Back ich leck're Weihnachtssachen,
werden auch die Engel lachen.

Verknete Butter, Zucker, Eigelb, Vanille und Salz auf einem Backbrett. Dann siebst du das Mehl, streust Haselnüsse darüber und verarbeitest alles zu einem Mürbeteig. Lass den Teig in Alufolie eingewickelt 2 Stunden im Kühlschrank ruhen. Heize den Backofen auf 200 Grad vor. Dann formst du aus dem Teig eine lange Rolle und schneidest gleichmäßige Scheiben ab. Diese rollst du zu Kugeln und drückst in jede Kugel mit einem Kochlöffel eine kleine Vertiefung. Leg die „Krapferl" auf ein Backblech und lasse sie auf der mittleren Schiene des Backofens ca. 15–20 Minuten backen. Die gebackenen Krapfen lässt du auf einem Kuchengitter erkalten und bestreust sie anschließend mit Puderzucker. Erhitze die Marmelade, verrühre sie und fülle sie dann in die Vertiefung von jedem Krapfen. Die Marmelade solltest du 1–2 Tage trocknen lassen, ehe du die Krapfen in eine Dose füllst.

200 g Butter · 100 g Zucker
2 Eigelb · Innere einer Vanilleschote
1 Prise Salz · 300 g Mehl
80 g geriebene Haselnüsse
½ TL Puderzucker
150 g Johannisbeermarmelade

9. DEZEMBER

Tannenzapfen, Apfelringe,
Blätter und noch andre Dinge
daraus basteln wir ruck-zuck
Winterwunderweihnachtsschmuck!

SCHNEEKÖNIGIN

Beschützt von frechen Pinguinen

Tipp

Für die Pinguine brichst du zwei Fichtenzapfen mittig auseinander und bemalst den oberen Teil (nicht die Spitze) in Hellblau. Schneide Füße und Schnäbel aus gelbem Fotokarton zu und klebe sie am Zapfen an. Ergänze weiß bemalte Holzhalbkugeln als Augen.

- Naturmaterial: trockene Fichtenzapfen, Bucheckerhülse
- Rohholzkugel mit einseitigem Loch, ø 35 mm
- Rohholzhalbkugel, ø 8 mm
- Wolle in Weiß
- Acrylfarbe in Weiß und Hellblau
- Karoband in Hellblau, 1 cm breit, ca. 20 cm lang
- Streuglitter in Weiß irisierend
- Papierdraht in Weiß, ø 2 mm, 2 × 6 cm lang
- 2 Holzperlen in Hellblau, ø 1 cm
- Knete in Weiß

Schritt 1 Bemale einen Zapfen im oberen Bereich mit weißer Acrylfarbe und halte ihn über ein mittig gefaltetes Papier. Lasse Glitter über den Zapfen rieseln, bis er überall schön glitzert, und lasse ihn dann trocknen. Schütte den restlichen Glitter mit dem Papier in den Behälter zurück. Male die Bucheckerhülse in Hellblau an.

Schritt 2 Klebe die Halbkugel als Nase auf die Holzkugel und male das Gesicht mit Bunt- und Filzstiften oder Acrylfarbe auf. Für die Haare binde mehrere Wollfäden mit einem weiteren Faden mittig ab und klebe sie auf den Kopf. Klebe dahinter ein weiteres Wollbündel an. Fixiere die Bucheckernkrone mit Kraftkleber auf dem Haar. Klebe die Holzperlen auf je ein Ende der beiden Papierdrähte und klebe diese rechts und links mit Kraftkleber am weißen Zapfen fest. Schneide aus dem Karoband sechs Stücke zu (3 cm lang), klebe sie rundum über den Armen am Zapfen fest und fixiere darauf den Kopf. Drücke die Zapfenspitze in eine weiße Knetkugel und stelle deine Schneekönigin auf.

Weihnachtsbriefe vom Postengelchen

LUCIA SASS SCHON seit einer halben Stunde in ihrem Engelskostüm am Küchentisch. Um sie herum wuselten Mama, Papa und ihr Bruder Jonas. „Wann fahren wir endlich zum Krippenspiel?", fragte Lucia. Aber keiner antwortete. Lucia schaute nach draußen und entdeckte den Postboten auf seinem gelben Fahrrad. „Die Post", rief sie und rannte zur Haustür. Aber der Postbote winkte nur und fuhr vorbei. Schade. Lucia sah ihm nach. Eilig sauste er um die Kurve. Dabei fiel ihm – oh je – ein ganzer Stapel Briefe aus der Tasche. Die schönen Weihnachtsbriefe! „Mama, ich lauf kurz zu Tante Ina!", rief Lucia. Sie schnappte sich ihre Jacke und rannte los. Der Postbote hatte die Briefe genau vor Tante Inas Haus verloren. Tante Ina öffnete die Tür. „Hallo Lucia, sammelst du die Briefe wieder ein?" Lucia nickte. „Was machen wir denn nun?", fragte sie. Tante Ina kam zu ihr. „Es sind alles Briefe für unsere Straße", erklärte sie Lucia. „Wir könnten die Briefe selbst verteilen." Lucia jubelte: „Au ja!" Tante Ina las Lucia die Namen auf den Briefen vor und Lucia warf sie in die Postkästen. Manche Leute öffneten die Tür und bedankten sich. Und der alte Herr Reil sagte: „Ich habe meine Brille nicht auf, aber mir scheint, heute bringt mir ein Engelchen meine Post. Kann das wirklich sein?" Lucia kicherte und flatterte mit ihren Flügeln. „Ich bin ein richtiges Postengelchen!", rief sie fröhlich.

Als alle Briefe ausgetragen waren, raste plötzlich der Postbote um die Ecke. Keuchend hielt er vor ihnen an. „Meine Güte – ff – ich habe – ff – Briefe verloren – fff – habt ihr sie gesehen?" Lucia nickte lachend. „Wir haben sie sogar schon verteilt. Du kannst nach Hause fahren!" Der Postbote sah sie erstaunt an. „Das ist aber ein schönes Weihnachtsgeschenk." Er kramte in seiner Posttasche und reichte Lucia ein Engelchen aus Schokolade. „Das habe ich geschenkt bekommen. Magst du es als Dankeschön haben?" Lucia nickte. „Vielen Dank!"

Dann winkte sie Tante Ina und dem Postboten und rannte nach Hause. Schließlich musste sie gleich auch noch in der Kirche ein Engelchen spielen!

10. DEZEMBER

Jetzt muss ich nicht länger warten,
heute mach ich Weihnachtskarten!
Stempeln, schneiden und auch kleben,
kann es schön're Karten geben?

WEIHNACHTSKARTEN

Schnell gemacht mit Kartoffel- und Fingerdruck

Schritt 1 Schneide die Karten für die Figuren passend zu. Für den Weihnachtsmannbart werden zwei gegenüberliegende Spitzen rund zugeschnitten, für den Schneemann drei Spitzen abgerundet. Für die Tanne schneidest du von der unteren linken Ecke bis zur oberen rechten Ecke einen schönen Halbkreis zu.

Schritt 2 Zum Drucken schneide eine ovale Kartoffel für den Weihnachtsmannkopf quer durch, bestreich sie mit Hautfarbe und stempele sie auf. Bis die Farbe getrocknet ist, kannst du mit deinem Finger die rote Mütze auftupfen. Stempele die Nase mit einer runden Kartoffel auf und ergänze Augen und Mund

mit Filzstiften. Die Backen sind mit rosa Buntstift gemalt, du kannst sie aber auch wie beim Schneemann mit Kartoffeln aufdrucken. Die Nase des Schneemanns ist mit einer spitz zugeschnittenen Kartoffel aufgestempelt.

Schritt 3 Klebe unter die Tanne einen pinkfarbenen Stiel (1 cm × 5 cm) und verziere sie mit weißen Lackstiftlinien. Nun kannst du die Punkte in verschiedenen Farben mit deinem Finger auftupfen. Nach dem Trocknen kannst du alle Karten noch nach Belieben mit buntem Glitterkleber, Pompons oder Strasssteinen schmücken.

Material

- Fotokarton in Weiß und Grün, 10 cm × 20 cm, mittig gefaltet, und Rest in Pink
- Acrylfarben in Hautfarbe, Rot, Weiß, Orange, Pink, Schwarz, Gelb, Hellblau und Hellgrün
- verschieden große Kartoffeln, Messer
- zum Schmücken: Pompons, ø 7 mm, Glitterkleber, Strasssterne

Tipp

Die Karten kann man in normalen C6- oder DIN-Lang-Umschlägen verschicken. Auch diese kannst du mit Kartoffel- und Fingerdruck bestempeln!

SCHNEEMÄNNER

Eine Parade – zum Essen fast zu schade ...

Zutaten

- runde Pfeffernusslebkuchen in Weiß, 4 je Schneemann
- 1 Eiweiß, 150–175 g Puderzucker (Guss für ca. 8 Schneemänner)
- Fruchtgummischnecken in Rot, Grün und Braun
- Fruchtgummihimbeeren und -brombeeren
- Zuckerschrifttuben in Rot und Braun
- buntes Zuckerkonfetti

Schritt 1   Mixe das Eiweiß und den Puderzucker zu einem festen Guss, den du mit einem Teelöffel auftragen kannst. Klebe für den Schneemannkörper zwei Pfeffernüsse mit den Böden aneinander. Für den Schneemannkopf setzt du auf den Boden einer Pfeffernuss eine Gummischnecke als Hut auf und klebst mittig darauf eine Himbeere oder Brombeere fest.

Schritt 2   Klebe den Kopf mit Zuckerguss auf den Körper und klebe unten evtl. noch eine weitere Pfeffernuss an, dann steht der Schneemann besser. Male mit den Schrifttuben die Augen, die Nase, den Mund und die Knöpfe auf und klebe auf der Nase Zuckerkonfetti fest. Jetzt muss nur noch der Guss trocknen, dann ist die Schneemannparade fertig.

Leise rieselt der Schnee

Lei - se rie - selt der Schnee, still und starr ruht der See, weih - nacht - lich glän - zet der Wald: Freu - e dich, Christ - kind kommt bald!

2. In den Herzen ist's warm,
   still schweigt Kummer und Harm,
   Sorge des Lebens verhallt:
   Freue dich, Christkind …

3. Bald ist heilige Nacht,
   Chor der Engel erwacht,
   hört nur, wie lieblich es schallt:
   Freue dich, Christkind …

11. DEZEMBER

Im Advent sieht jedes Haus
weihnachtlich verzaubert aus.
Man sieht Fenster voller Herzen,
Sterne, Tannen und auch Kerzen.

SCHNEEFLÖCKCHEN

Schwierigkeitsgrad
● ○ ○

Vorlage
Seite 128

Zarte Quastenfiguren zum Aufhängen

Wenn draußen wieder einmal gar kein Schnee liegen will, sorgen diese Schneeflöckchen für winterliche Stimmung.

Tipp

Möchtest du lieber Engel statt Schneeflöckchen basteln, dann verwende gelbe oder braune Wolle für die Haare und einfarbiges Transparentpapier für die Flügel.

Material

- Wolle in Weiß und Hellblau
- Rohholzkugeln mit durchgehendem Loch, ø 18 cm
- Transparentpapierrest mit Schneeflocken in Weiß
- Strasssterne in Blau oder Klar, ca. ø 1 cm
- feste Pappe, 7 cm × 11 cm

Schritt 1   Für die Quaste wickelst du die Wolle ca. 20-mal um die schmale Seite der Pappe, schneidest sie dann ab und lässt beide Wollenden nach unten hängen. Führe einen Wollfaden durch die Schlaufen und binde sie mit einem fest sitzenden Knoten oben ab. Schneide die Schlaufen unten auf, sodass du sie von der Pappe nehmen kannst und schneide sie schön gerade zu. Binde die Quaste 1 cm von oben mit einem Knoten ab und lass die Enden nach unten hängen.

Schritt 2   Zeichne auf die Holzkugel mit Filzstiften und rosa Buntstift ein Gesicht auf und fädele sie auf den Faden, mit dem du die Schlaufen verbunden hast. Mach oberhalb davon einen Knoten als Aufhänger. Knote ein paar Wollfäden der zweiten Farbe mittig zusammen und klebe sie als Haare auf den Kopf. Schneide sie etwas zurecht. Lege das Transparentpapier auf die Flügelvorlage, pause sie ab und schneide sie zu. Klebe die Flügel von hinten und den Strassstern von vorne mit Kraftkleber an die Figur. Ein erstes Schneeflöckchen hast du nun geschafft!

ZITRONENHERZEN

Zitronenherzen süß und lecker
erfreuen kleine Weihnachtsbäcker.

Vermische das Eigelb, den Zucker, den Vanillezucker und drei Tropfen Zitronenaroma zu einem cremigen Brei. Dann hebst du das Backpulver und die Mandeln unter. Rolle den Teig anschließend ca. 0,5 cm dick aus und stich so viele Herzen wie möglich aus. Gib die Herzen auf ein gefettetes Backblech und backe sie bei 180 Grad ca. 8–10 Minuten. Nach dem Backen kannst du die Herzen sofort mit Zitronenguss bestreichen und dann abkühlen lassen.

3 Eigelb · 120 g Zucker
1 Prise Vanillezucker
3 Tropfen Zitronenaroma
1 Msp. Backpulver
200–250 g geriebene Mandeln
Zitronenguss: 100 g Puderzucker
1–1,5 EL Zitronensaft

12. DEZEMBER

Sterne dreh ich mit der Hand
aus viel Stroh und Glitzerband.
So zaubern sie uns schönen Glanz
an den grünen Weihnachtskranz.

Aus buntem Transparentpapier gefaltet

Schritt 1 Für die erste Spitze eines Sternes faltest du ein quadratisches Papierstück mittig von einer Spitze zur gegenüberliegenden und faltest es dann wieder auseinander.

Material

- dünnes Transparentpapier in Rot, Grün und Gelb, 9 cm × 9 cm (großer Stern) oder 7 cm × 7 cm (kleiner Stern), je 8 ×
- Fotokartonreste in Hautfarbe und Weiß
- 8 Pompons in Weiß, ø 7 mm

Tipp

Für den Wichtel-stern bemalst du acht hautfarbene Kreise mit Gesichtern und klebst sie auf größere, weiße Kreise. Klebe die Köpfe immer an der gleichen Stelle auf den Stern. An den Spitzen kannst du noch je einen Pompon ankleben.

Für fröhliche Weihnachtsgrüße: Nimm eine einzelne Sternspitze mit Wichtelgesicht und verziere damit eine Weihnachtskarte.

Schritt 3 Falte nun die beiden oberen Außenkanten einer der zwei Spitzen nach innen, sodass sie sich an der Mittellinie treffen. Wenn du möchtest, kannst du noch mit einer kleinen Schere vier Zacken in das innere Quadrat schneiden, das sieht dann wie ein kleiner Stern aus.

Schritt 4 Falte nun auf die gleiche Weise sieben weitere Stern-spitzen in der gleichen Farbe. Klebe sie mit Klebestift übereinander, sodass die untere Außenkante mit der Mittellinie des ersten Stückes abschließt und sich alle Spitzen in der Mitte treffen.

Schritt 2 Falte die beiden Spitzen rechts und links so an die Mitteli-nie, dass sie sich dort mittig treffen. Streiche alle Faltkanten schön glatt.

Mattis hat ein Geheimnis

MATTIS SPIELTE IM Garten. Nachdem er die ganze Zeit gefragt hatte, wann der Weihnachtsmann denn endlich käme, hatte Mama gesagt, er solle draußen spielen gehen. Dann verginge die Zeit schneller. Aber das stimmte gar nicht. Mattis seufzte. Was hatte Papa gesagt? Der Weihnachtsmann kommt, wenn es dunkel wird. Mattis sah zum Himmel. Immerhin war es schon ein bisschen dämmrig, da konnte es doch nicht mehr lange dauern! Er kniff die Augen zusammen. Was war denn das für ein komisches Flugzeug da oben? Und es kam immer näher! Wo wollte das bloß hin? Plötzlich wurden seine Augen größer. Das war gar kein Flugzeug, das war ein Schlitten! Mit – eins, zwei, drei, vier, fünf, sechs, sieben – acht Rentieren! „Ach du liebes bisschen", flüsterte Mattis, „das ist der Weihnachtsmann."

Er hatte recht. Der Schlitten kam näher und näher und hielt dann über Mattis' Haus auf dem Dach. „Hallo Mattis", brummte der Weihnachtsmann fröhlich. „Wartest du schon auf mich?" Mattis konnte nur nicken. Der Weihnachtsmann auf seinem Dach? Brachte er jetzt schon die Geschenke? Der Weihnachtsmann lachte. „Nein, lieber Mattis, die Geschenke kommen später. Ich habe gerade – hmm, nun ja …" Der Weihnachtsmann kratzte sich sorgenvoll am Bart. „Ich habe so etwas wie eine Panne." Mattis schaute erstaunt nach oben. „Du hast eine Panne? Einen geplatzten Reifen?" Der Weihnachtsmann lachte wieder. „So in etwa. Nur ist es bei mir kein Reifen, sondern ein Rentier. Es hat sich vorhin den Fuß an einem Kirchturm verletzt. Ich bin wohl zu tief geflogen. Dass mir so etwas passiert!" Er schüttelte bekümmert den Kopf. „Ich kann gut mit den anderen sieben den Schlitten ziehen, aber das Rentier kann ich erst nach Hause fliegen, wenn der Schlitten leer ist. Also am Ende meiner

Reise." Der Weihnachtsmann sah Mattis ernst an. „Ich brauche jetzt einen Gehilfen, der auf das Rentier aufpasst, bis ich es morgen früh wieder abholen kann. Weißt du da zufällig jemanden?" Mattis stellte sich kerzengerade hin. Sein Herz pochte ihm bis zum Hals. „Ich kann das machen", flüsterte er heiser. Der Weihnachtsmann nickte lächelnd. „Das hatte ich gehofft", sagte er. Dann brachte er das humpelnde Rentier zu Mattis und reichte ihm die Zügel. „Halte es warm", sagte der Weihnachtsmann. „Und tröste es ein bisschen, es ist sehr traurig, dass es nicht mitfliegen kann." Mattis nickte. Ehe er noch etwas sagen konnte, war der Weihnachtsmann wie von Zauberhand wieder auf dem Dach und sauste mit dem Schlitten in den Himmel.

„Was in aller Welt machst du da?", rief Mattis' Bruder Leon aus dem Fenster. Er starrte auf das Rentier. Dann brüllte er: „Mama, Mattis hat ein Pferd geklaut!" Mattis lächelte. „Sag Mama, dass ich zu Opa gehe", rief er. Dann führte er das Rentier langsam über die kleine Straße zum Stall seiner Großeltern. Opa entdeckte ihn durchs Fenster und kam heraus. Er schaute Mattis fragend an. „Ein verletztes Rentier vom Weihnachtsmann", erklärte Mattis kurz. „Wir müssen es bis morgen früh pflegen, dann holt er es wieder ab." Opa lächelte nur. Das ist das Gute an Großeltern, dachte Mattis. Die fragen nicht so viel. Gemeinsam richteten sie dem Rentier ein gemütliches Plätzchen im Schuppen her. Mit Stroh zum Liegen, Heu zum Fressen und Wasser zum Trinken. Das Rentier stupste Mattis dankbar mit dem Kopf an. Mattis streichelte es glücklich. Eine ganze Weile saß er neben dem Rentier und tröstete es. Dann kam Opa und sagte: „Deine Mutter hat angerufen. Du musst jetzt rüber. Mattis zögerte. „Passt du auf?" Opa nickte. Mattis lief nach Hause.

„Wo ist das Pferd?", fragte Leon. „Wo hast du es gelassen?" Mattis grinste. „Ein Pferd? Hab' ich nicht gesehen." Und das war ja nicht einmal gelogen. Zum Glück fragten Mama und Papa auch gar nicht nach. Inzwischen war es wirklich schon dunkel und der Weihnachtsmann war da gewesen: Im Wohnzimmer lagen so viele Geschenke! Mittendrin entdeckte Mattis einen kleinen

Sack voll Heu. Schnell schob er ihn hinter den Sessel. Er wusste genau, für wen der gedacht war.

Spät am Heiligen Abend, als alle Geschenke ausgepackt und alle Plätzchen gegessen waren, bettelte Mattis, bei Oma und Opa schlafen zu dürfen. Seine Eltern erlaubten es. Mattis rannte zum Stall. Das Rentier hob erfreut den Kopf. Mattis griff in den kleinen Sack und reichte ihm etwas Heu. Das Rentier knabberte sofort daran. Es war sicher ein ganz besonderes Heu für Weihnachtsmannrentiere! Mattis kuschelte sich eng an das weiche warme Fell und merkte gar nicht, dass er einschlief.

Ein Knirschen weckte ihn. Mattis schlug die Augen auf. Was war das für ein Geräusch? Die Schuppentür öffnete sich. Der Weihnachtsmann sah neugierig herein. „Da bist du ja", begrüßte er sein krankes Rentier. „Du siehst schon viel besser aus. Mattis hat dich gut gepflegt, wie ich sehe." Er zwinkerte Mattis zu. Der bekam vor Freude roten Wangen. „Ich danke dir sehr, mein kleiner Helfer", sagte der Weihnachtsmann. „Wir fahren das Rentier jetzt auf dem Schlitten nach Hause. Und im nächsten Jahr holen wir dich um Punkt fünf Uhr am Heiligen Abend ab, dann darfst du mit mir die Geschenke verteilen. Einverstanden?" Mattis nickte überrascht. Er lief hinter dem Weihnachtsmann her nach draußen und sah zu, wie er das Rentier zum Schlitten brachte und mit ihm in den Himmel flog.

Plötzlich stand Opa neben Mattis. „Opa!", rief Mattis. „Du hast alles verpasst! Der Weihnachtsmann hat das Rentier geholt und nächstes Jahr soll ich mitfahren – wie soll ich das nur Mama und Papa erklären?" Opa lachte und nahm Mattis in den Arm. „Zum Glück haben wir noch ein ganzes Jahr Zeit, uns das zu überlegen."

13. DEZEMBER

So ein Rentier ist nicht groß.
Aber läuft es erst mal los,
ist es schneller als der Wind,
zieht den Schlitten ganz geschwind.

ZWEI RENTIERE

... mit der Nadel gefilzt

Schwierigkeitsgrad
●●●

Vorlage
Seite 127

Tipp

Filzsterne: Dafür füllst du ein Sternförmchen dick mit Filzwolle und filzt diese mit der groben Nadel, später mit der feinen Nadel an. Drehe den Stern oft um und filze auch die zweite Seite und die Kanten, damit diese schön glatt werden.

Schritt 1 Für das Rentier zupfst du die braune Wolle in Stücke (nicht schneiden!), legst diese dicht um die unteren zwei Drittel der Styroporform und filzt sie mit der groben Filznadel locker an. Die Nadel immer senkrecht halten, damit sie nicht abbrechen kann! Das obere Drittel umlegst du dick mit blauer Wolle und filzt sie ebenso nur leicht an, da die Styroporspitze sehr empfindlich ist.

- Filzwolle in 2 Brauntönen, je ca. 6 g, Blau- und Pinkmischung, je ca. 2 g, und in Rot, Weiß und Gelb, je ca. 1 g
- Formfilzreste in Gelb und Blau
- 2 Styroporkegel, 12 cm hoch, ø 7 cm
- 4 Wattekugeln in Weiß, ø 12 mm
- Filznadeln in Fein, Mittel und Grob
- Schaumstoff oder großer Schwamm als Filzunterlage

Schritt 2   Nun nimmst du die mittlere Nadel und filzt rundum die Wolle fest, bis eine schöne, glatte Oberfläche entstanden ist. In Unebenheiten kannst du immer wieder einstechen, bis alles gleichmäßig gefilzt ist. Die Spitze nur mit gezielten Stichen bearbeiten, damit das Styropor nicht leidet. Ist die Form schön, kannst du die Mützenkrempe anfilzen. Hierfür zwirbelst du weiße Wolle mit den Händen zu einem Strang und filzt diesen auf dem Übergang von brauner zu blauer Wolle fest.

Schritt 3   Für Nase und Mützenspitze machst du je einen Knoten in die rote und weiße Wolle und wickelst die Enden darüber. Mit der groben Filznadel auf der Unterlage umfilzt du dieses Knäuel nun, bis die Wolle verdichtet ist. Dreh die Kugel mehrmals um, damit sie von allen Seiten schön rund wird. Bearbeite sie auch mit den feinen Nadeln und filze Wolle an, falls sie zu klein wird. Damit du dich nicht stichst, halte die Teile mit einem Zahnstocher fest! Für die Ohren (siehe Vorlage Seite 127) beginnst du auch mit einem umwickelten Knoten, filzt sie aber nicht rund, sondern flach. Um spitze Ohren zu bekommen, stich immer wieder in die oberen Ränder ein, damit sie sich verformen. Filze alle Teile mit der Filznadel an die Figur an.

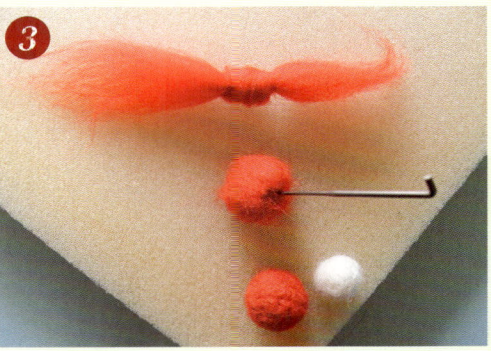

Schritt 4   Für das Geweih machst du dir eine Schablone, die du mit Filzstift auf dem Formfilz umfährst. Schneide zwei Geweihe aus und klebe sie mit Kraftkleber hinter die Ohren. Die Wattekugeln klebst du über der Nase fest und bemalst sie mit schwarzem Pupillen. Für den Mund zwirbelst du einen dünnen Strang weißer Wolle und filzt ihn mit der feinen Nadel an. Die Enden kannst du abschneiden und anfilzen. Zuletzt filzt du aus kleinen Wollkugeln zwei Bäckchen. Das zweite Rentier ist genauso gearbeitet, nur seine Mütze ist länger.

Wenn es Winter wird

● *Christian Morgenstern (1871–1914)* ●

Der See hat eine Haut bekommen,
sodass man fast drauf gehen kann,
und kommt ein grosser Fisch geschwommen,
so stößt er mit der Nase an.

Und nimmst du einen Kieselstein
und wirfst ihn drauf, so macht es klirr
und titscher - titscher - titscher - dirr ...
Heißa, du lustiger Kieselstein!

Er zwitschert wie ein Vögelein
und tut als wie ein Schwälblein fliegen –
doch endlich bleibt mein Kieselstein
ganz weit, ganz weit auf dem See draußen liegen.

Da kommen die Fische haufenweis
und schaun durch das klare Fenster von Eis
und denken, der Stein wär etwas zum Essen;
doch so sehr sie die Nase ans Eis auch pressen,
das Eis ist zu dick, das Eis ist zu alt,
sie machen sich nur die Nasen kalt.

Aber bald, aber bald
werden wir selbst auf eignen Sohlen
hinausgehn können und den Stein wieder holen.

14. DEZEMBER

Kribbelt es dir zart im Magen?

Hörst du leises Flügelschlagen?

Findest du ein gold'nes Haar?

Dann sind heut die Englein da!

SÜSSER ENGEL

Pause im Mondschein

Schwierigkeitsgrad
●●○

Vorlage
Seite 125

Tipp
Du kannst dein fertiges Engelbild am Fenster dekorieren oder aber mit einem Nylonfaden im Zimmer aufhängen, z. B. an einer Lampe.

Material

- Fotokarton in Weiß, A3
- Fotokartonreste in Hautfarbe, Rosa, Hellblau, Hellgrün, Gelb und Flieder
- Glitterliner in Lila
- Strassstein in Flieder, ø 6 mm

Schritt 1 Zeichne alle Vorlagen für das Engel-Fensterbild einzeln auf Transparentpapier ab. Benutze dafür einen weichen Bleistift z. B. HB oder B. Damit nichts verrutscht, kannst du das Transparentpapier mit Tesafilm festkleben. Wende nun das Transparentpapier, lege es mit der bemalten Seite auf den jeweils passenden Fotokarton und fahre alle Linien noch mal mit einem harten Bleistift (z. B. H) nach. Dadurch werden die Linien auf den Karton übertragen und du kannst sie gut sehen. Schneide alle Teile mit der Schere aus.

Schritt 2 Bemale die Ärmel und den Kleidersaum mit lila Glitterstift. Lass ihn gut trocknen! Das Gesicht des Engels zeichnest du mit rotem und schwarzem Filzstift auf. Auf die Backen und die Ränder aller Teile kannst du mit dem Finger Buntstiftbrösel, die beim Anspitzen anfallen, aufreiben. Dann kannst du den Engel mit Alleskleber zusammensetzen. Nimm dazu die Vorlage von Seite 125 zu Hilfe! Einige Teile kannst du auch mit Klebepads aufkleben, z. B. die Nase und den Rock. Die Flügel bekommen weiße Lackmalstiftpunkte und werden hinter dem Engel festgeklebt, ebenso der grüne Stern. Den Strassstein kannst du mit Alleskleber aufsetzen. Den kompletten Engel klebst du mit den Händen und Beinen am Mond fest.

SCHNEEENGEL

Schwierigkeitsgrad

Vorlage
Seite 127

Himmlisch mit Moosgummiflügeln

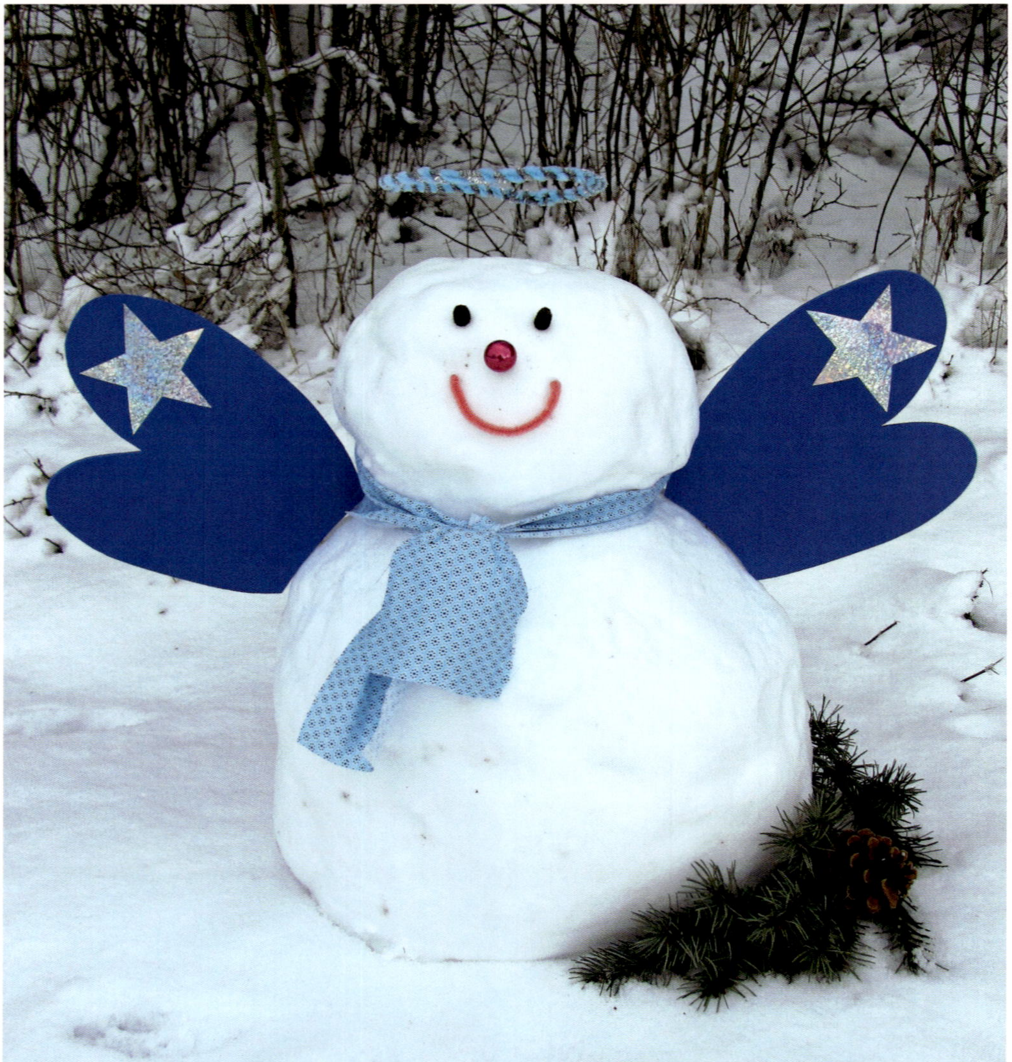

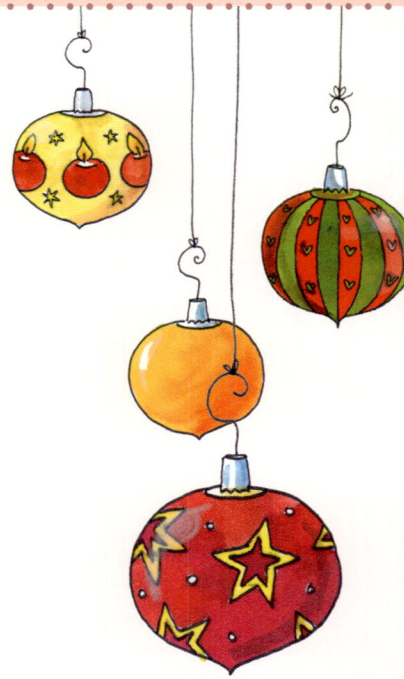

So ein freundlicher Schneeengel ist eine lustige Schneemann-Alternative, und er fliegt dir sicher nicht davon. Oder vielleicht doch ...?

Material

- Moosgummi in Blau, 3 mm dick, 30 × 45 cm
- Holografiefolienrest in Silber, selbstklebend
- Chenilledrähte in Silber und Hellblau, je 50 cm lang, und Rest in Rosa
- Bindedraht in Silber, ca. 18 cm lang
- Mini-Glaskugel in Pink mit Draht
- Stoffrest in Hellblau, ca. 10 cm × 140 cm lang
- Erlenzapfen oder getrocknete Hagebutten
- Schaschlikstäbchen

Schritt 1 Zeichne die Flügelvorlage auf Transparentpapier und schneide sie aus. Lege diese Schablone auf das Moosgummi, zeichne sie zweimal ab und schneide die Flügel mit der Schere zu. Übertrage auch die Sternvorlage auf die Rückseite der Holografiefolie und schneide zwei Sterne aus, die du auf die Flügel klebst. Fixiere je ein Schaschlikstäbchen mit Kraftkleber mittig unter die Flügelseiten. Wenn ein Erwachsener dir hilft, könnt ihr auch Heißkleber verwenden.

Schritt 2 Für den Heiligenschein verdrehe die zwei langen Chenilledrähte miteinander und biege sie zu einem Kreis, dessen Enden du miteinander verzwirbelst.

Wickle darüber 3 bis 4-mal ein Ende des Bindedrahtes und lass den Rest nach unten abstehen.

Schritt 3 Wenn es richtig pappig-klebrigen Schnee gibt, kann der Spaß draußen losgehen. Forme eine große Schneekugel für den Engelskörper und eine kleine für den Kopf und setze sie übereinander. Schlinge den Stoffstreifen um den Hals und stecke seitlich die Flügel in den Körper. Das Gesicht kannst du aus Zapfen oder Beeren (Augen) und einer Mini-Glaskugel (Nase) gestalten. Der Mund ist aus rosa Chenilledraht, dessen Enden umgebogen und in den Kopf gesteckt werden. Zuletzt piekse hinten in den Kopf den Draht mit dem Heiligenschein.

Ihr Kinderlein kommet

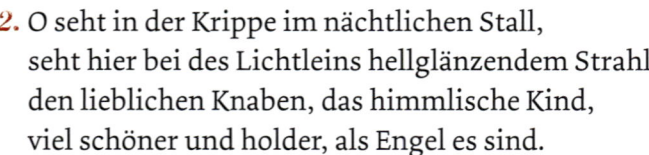

1. Ihr Kinderlein kommet, o kommet doch all. Zur Krippe her kommet in Bethlehems Stall. Und seht, was in dieser hochheiligen Nacht der Vater im Himmel für Freude uns macht.

2. O seht in der Krippe im nächtlichen Stall,
seht hier bei des Lichtleins hellglänzendem Strahl
den lieblichen Knaben, das himmlische Kind,
viel schöner und holder, als Engel es sind.

3. Da liegt es, das Kindlein, auf Heu und auf Stroh,
Maria und Joseph betrachten es froh.
Die redlichen Hirten knie'n betend davor,
hoch oben schwebt jubelnd der Engelein Chor.

15. DEZEMBER

Ich mal rosa, blau und weiß,
zeichne Wellen und 'nen Kreis.
Mein Geschenk wird wunderschön.
Warte nur, bald darfst du's sehn!

PORZELLAN

Schwierigkeitsgrad
●●○

Vorlage
Seite 128

Selbst bemalt – ein tolles Geschenk für Oma, Opa, Tante ...

Material

- weißes Porzellangeschirr, z. B. Tassen oder Schale
- Porzellanmalstifte ohne Einbrennen (Hell- und Dunkelgrün, Gelb, Rosa, Pink, Rot, Hell- und Dunkelblau)
- große Adressaufkleber oder einseitige Klebefolie (z. B. Bucheinbandfolie)
- Wattestäbchen

Tipp

Wenn du deine bemalten Tassen verschenkst, sieht es besonders schön aus, wenn du sie z. B. mit Schokokugeln oder selbst gebackenen Plätzchen füllst.

Schritt 1 Spüle das Geschirr mit Spülmittel und trockne es ab. Zeichne dein gewünschtes Motiv von den Vorlagen auf Transparentpapier ab, zeichne es noch mal auf der Rückseite mit Bleistift nach und lege es richtig herum auf den Aufkleber. Fahre die Linien noch mal kräftig nach und schneide das Motiv aus. (Bei Bucheinbandfolie Schablonen anfertigen und mit wasserfestem Stift umranden).

Schritt 2 Klebe das Motiv fest auf die Schale oder die Tasse (bei Rechtshändern links vom Henkel!) und lass genug Platz auf allen Seiten. Nun kannst du um das Motiv herum mit dem ersten Porzellanstift viele kleine Punkte aufmalen. Wenn du etwas korrigieren willst, kannst du die frische Farbe mit einem Wattestäbchen wegwischen. Wenn die erste Farbe trocken ist, was recht schnell geht, kannst du mit der zweiten Farbe weitere Punkte aufmalen und danach auch noch mit einer dritten Farbe.

Schritt 3 Sobald du die letzten Punkte aufgetragen hast, ziehst du den Aufkleber von der Tasse ab. Hierzu fahre mit etwas Spitzem (z. B. Nadel oder Cuttermesser) vorsichtig unter den Aufkleberrand und ziehe ihn am Rand entlang sachte hoch. Sollte Farbe am Aufkleber hängen bleiben, korrigierst du die Stelle auf dem Geschirr gleich mit Farbpunkten aus den Stiften.

Schritt 4 Zum Schluss malst du noch freihand den Flügel und das Auge des Vogels, die Blütenmitte, die Fühler und Punkte des Schmetterlings und das Herz im Apfel auf. Nach 24 Stunden ist die Porzellanmalerei endgültig trocken und spülfest und kann liebevoll verschenkt werden.

MANDELPLÄTZCHEN

250 g Mehl · 150 g Butter
100 g geriebene Mandeln
100 g Zucker
1 EL Vanillinzucker · 1 Ei
5 EL Marmelade

*Mandelplätzchen zart und fein
backen wir für Groß und Klein.*

Gib in eine Schüssel die angegebene Mehlmenge mit den geriebenen Mandeln und fülle die Butter in Flocken dazu. Dann hebst du den Zucker, den Vanillezucker und das Eigelb unter. Knete die Zutaten zu einem glatten Teig und lasse ihn anschließend ½ Stunde im Kühlschrank ruhen. Rolle den Teig aus und stich in beliebigen Formen Plätzchen aus. Bestreiche die Plätzchen mit Eiweiß und lege sie auf ein gefettetes Backblech. Lass die Plätzchen im vorgeheizten Backofen ca. 10–15 min backen. Nach dem Auskühlen bestreichst du die Hälfte der Plätzchen mit Marmelade und belegst sie mit den übrigen Plätzchen.

16. DEZEMBER

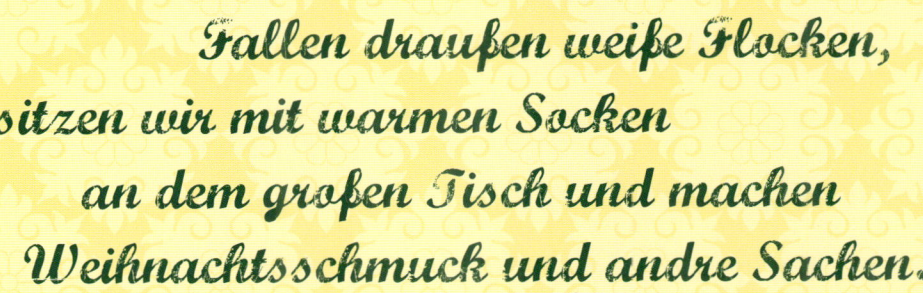

Fallen draußen weiße Flocken,
sitzen wir mit warmen Socken
an dem großen Tisch und machen
Weihnachtsschmuck und andre Sachen.

... zum Dekorieren und Verschenken

Tipp

Du kannst die Figuren auf Karten oder Geschenke kleben oder mit einem Faden an den Weihnachtsbaum hängen.

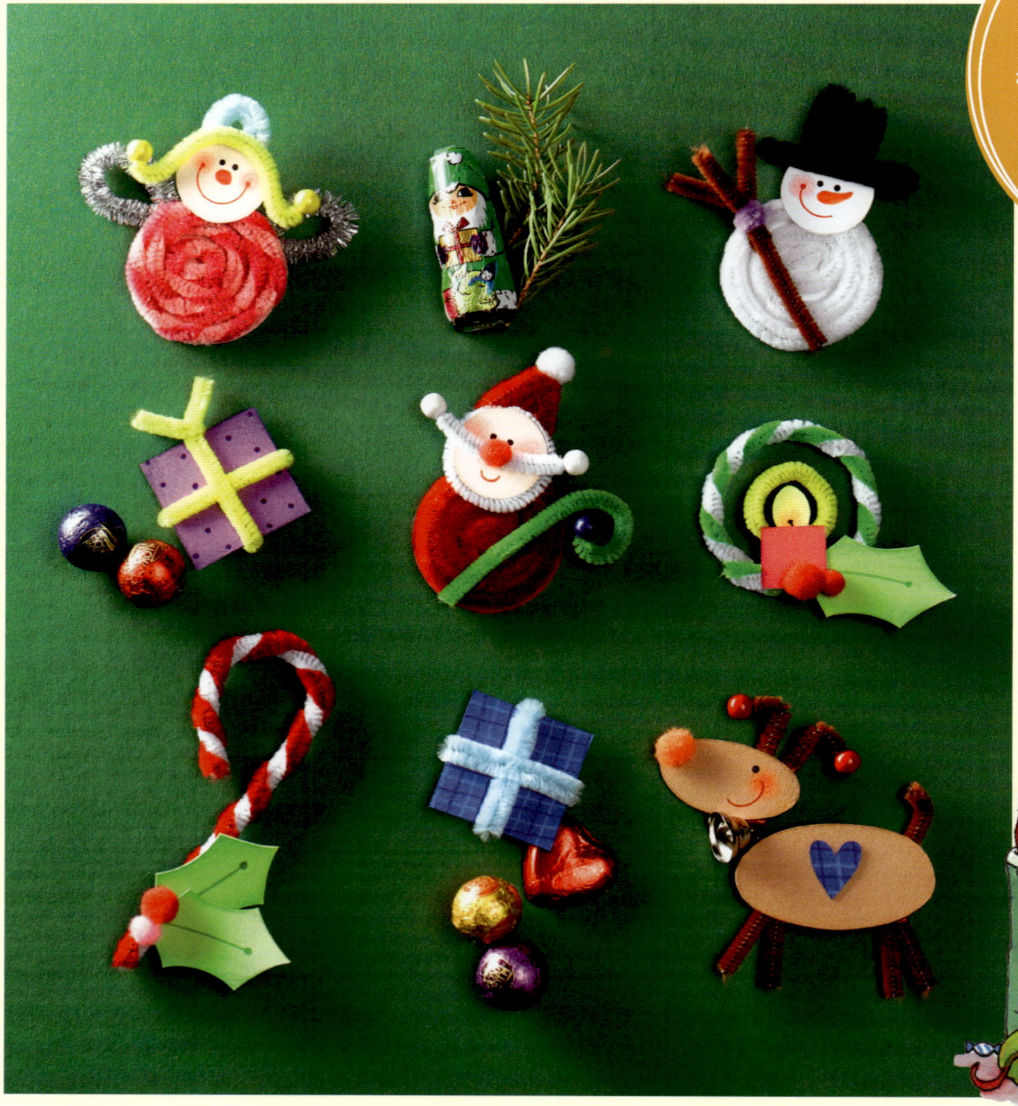

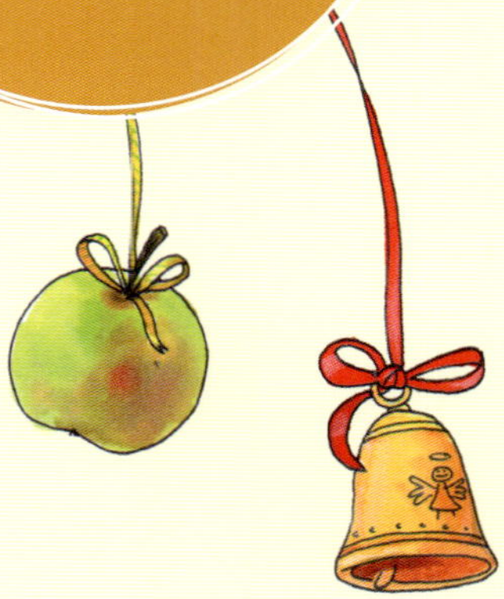

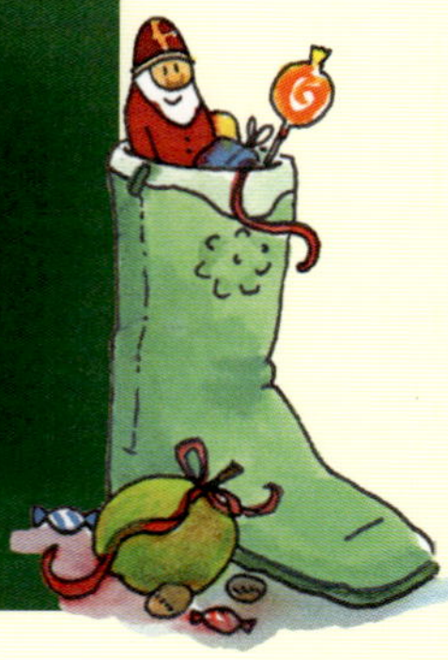

Material

- Chenilledrähte in Rot, Weiß, Braun, Grün, Rosa, Pink, Hellblau, Schwarz, Silber, Flieder und Gelb
- Fotokartonreste in Hautfarbe, Braun, Weiß, Hellgrün, Lila, Blau, Pink, Gelb, Rosa und Rot
- Holzperlen, ø 7 mm, in Gelb, Weiß, Rot und Blau
- Pompons, ø 7 mm und 1 cm in Rot, Pink und Orange
- Glöckchen in Silber, ca. ø 1,6 cm

Schritt 1 Alle Kartonteile der Chenillefiguren erkennst du in der Vorlage an den gestrichelten oder gepunkteten Linien. Schneide dir Schablonen für diese Teile zu oder übertrage sie mit Transparentpapier auf den jeweiligen Karton und schneide sie aus. Die durchgehenden Linien in der Vorlage sind die Chenilledrähte, die du nach diesen Linien leicht nachformen kannst. Für den Engel verdrehe zunächst zwei Chenilledrähte in Rosa und Pink miteinander.

Schritt 2 Wickle den rosa-pinken Chenilledraht mit deinen Fingern zu einer dichten Spirale und klebe sie mit Kraftkleber auf den rosa Kreis. Lass alles gut trocknen! Das Gesicht bemalst du mit Filz- und Buntstiften und klebst die nach Vorlage geformten Haare auf. An den Enden kannst du zwei Holzperlen festkleben. Der hellblaue Heiligenschein wird unter dem Kopf fixiert.

Klebe den fertigen Kopf auf den Körper und klebe von hinten zwei Flügel an, die du nach Vorlage geformt und deren Enden du miteinander verdreht hast.

Schritt 3 Schneemann- und Nikolauskörper werden wie beim Engel gebastelt. Der Schneemann erhält einen Chenillehut, dessen Krempe von vorne nach hinten umgeschlagen und festgeklebt wird. Das Hutteil selbst wird auf dem Kopf befestigt. Der Nikolaus erhält eine spitze Mütze sowie einen runden Chenillekreis als Bart, der unter dem Kopf fixiert wird. Das Rentier trägt ein Silberglöckchen, das du vor dem Festkleben des Halses auf den Draht steckst. Für die Zuckerstange und den Kerzenring verdrehst du zwei Chenilledrähte miteinander und biegst sie dann in Form. Alle Kartonteile, Pompons und Holzperlen kannst du mit Kraftkleber befestigen.

LECKERE RENTIERE

Ganz ohne Backen

Zutaten

- Oblaten-Lebkuchen mit Schokoglasur
- Schoko-Mikadostäbchen
- Esspapier in Rosa, Grün und Blau
- Fruchtgummihimbeeren und -brombeeren
- Tube Schokoladenschrift in Weiß
- Zahnstocher

Schritt 1 Bohre für das Geweih mit einem Zahnstocher zwei Löcher in die obere Kante des Lebkuchens. Brich von den Schokostäbchen den Keksteil ab und stecke die Stäbchen tief in diese Löcher.

Schritt 2 Schneide mit der Schere zwei Ohren aus dem Esspapier zu und schiebe sie etwas unterhalb der Geweihe rechts und links in den Lebkuchen. Ritze dafür vorher zwei Schlitze mit dem Messer in die Glasur.

Schritt 3 Wärme die Schokoladenschrifttube nach Packungsanweisung an (lass dir dabei von einem Erwachsenen helfen) und klebe damit eine Gummihimbeere als Nase auf den Lebkuchen. Nun kannst du mit der Tube noch die Augen und den Mund aufmalen. Löse von der Fruchtgummibrombeere ein schwarzes Körnchen ab und klebe es als Pupille im Auge fest. Fertig ist ein zuckersüßes Rentiergesicht!

O du fröhliche

1. O du fröh - li - che, o du se - li - ge, gna - den - brin - gen - de Weih - nachts - zeit! Welt ging ver - lo - ren, Christ ward ge - bo - ren: Freu - e, freu - e dich, o Chris - ten - heit!

2. O du fröhliche, o du selige,
gnadenbringende Weihnachtszeit!
Christ ist erschienen, uns zu versühnen:
Freue, freue dich, o Christenheit!

17. DEZEMBER

Weihnachtssterne überall,
am Baum, im Garten, überm Stall.
Manche gibt's auch mit viel Zimt,
die sind für den Mund bestimmt!

ASTSTERN

Schwierigkeitsgrad
● ○ ○

Vorlage
Seite 125

Verschönert glitzernd Bäume, Zäune und Türen

Schritt 1 Übertrage den Stern aus der Vorlage auf Transparentpapier und schneide ihn aus. Zeichne die Umrisse dieser Schablone zweimal auf Moosgummi ab und schneide zwei Sterne zu.

Material

- Moosgummi in Gelb, 2 mm dick, 30 cm × 45 cm
- frische, dünne Birkenäste, ca. 20–30 cm lang
- Acrylfarbe in Gelb
- Glitter in Gold, Glitterkleber
- Strassstein, ø 1,5 cm

Schritt 2   Bei diesem Schritt sollte dir ein Erwachsener mit Heißkleber helfen. Vielleicht darfst du aber auch selbst mit einer Niedrigtemperatur-Pistole kleben. Trage auf einen Stern von einer Zacke bis zur Mitte dick Klebstoff auf, lege einige Birkenäste (Spitzen nach außen) darauf und drücke sie mit einem Schaschlikstäbchen fest, bis der Klebstoff trocken ist. Fahre so fort, bis rundum Äste kleben. Achte darauf, dass sich die Äste in der Sternmitte nicht überlappen. Schneide die Zweige mit der Schere zu einem schönen Kreis.

Schritt 3   Lege den Stern auf ein gefaltetes Blatt und bemale die Äste leicht mit gelber Farbe. Tupfe den Borstenpinsel zwischendurch auf Küchenpapier ab, damit nur wenig Farbe darin bleibt. Streue in die frische Farbe Goldglitter und lass alles trocknen. Mit dem Papier kannst du den übrigen Glitter zurück in den Behälter schütten.

Schritt 4   Klebe nun den zweiten Stern gegengleich zum ersten auf die Äste, drücke dabei nicht zu fest auf! Wenn du willst, kannst du den Stern noch mit Glitterkleber bemalen, Glitter aufstreuen und einen Strassstein aufkleben. Zum Aufhängen kannst du ein Stück Schnur oder Bindfaden an den Ästen anknoten.

Vom Christkind

Anna Ritter (1865–1921)

Denkt euch, ich habe das Christkind gesehen!
Es kam aus dem Walde, das Mützchen voll Schnee,
mit rot gefrorenem Näschen.
Die kleinen Hände taten ihm weh,
denn es trug einen Sack, der war gar schwer,
schleppte und polterte hinter ihm her.
Was drin war, möchtet ihr wissen?
Ihr Naseweise, ihr Schelmenpack –
denkt ihr, er wäre offen der Sack?
Zugebunden bis oben hin!
Doch war gewiss etwas Schönes drin!
Es roch so nach Äpfeln und Nüssen!

18. DEZEMBER

Still wird's jetzt in jedem Haus
und bald geh'n auch die Lichter aus.
Alle Kinder schlafen sacht,
warten auf die Weihnachtsnacht.

WINTERSTADT

Schwierigkeitsgrad

●●●

Vorlage

Seite 130

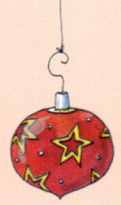

Leuchtet stimmungsvoll in dunkelster Nacht

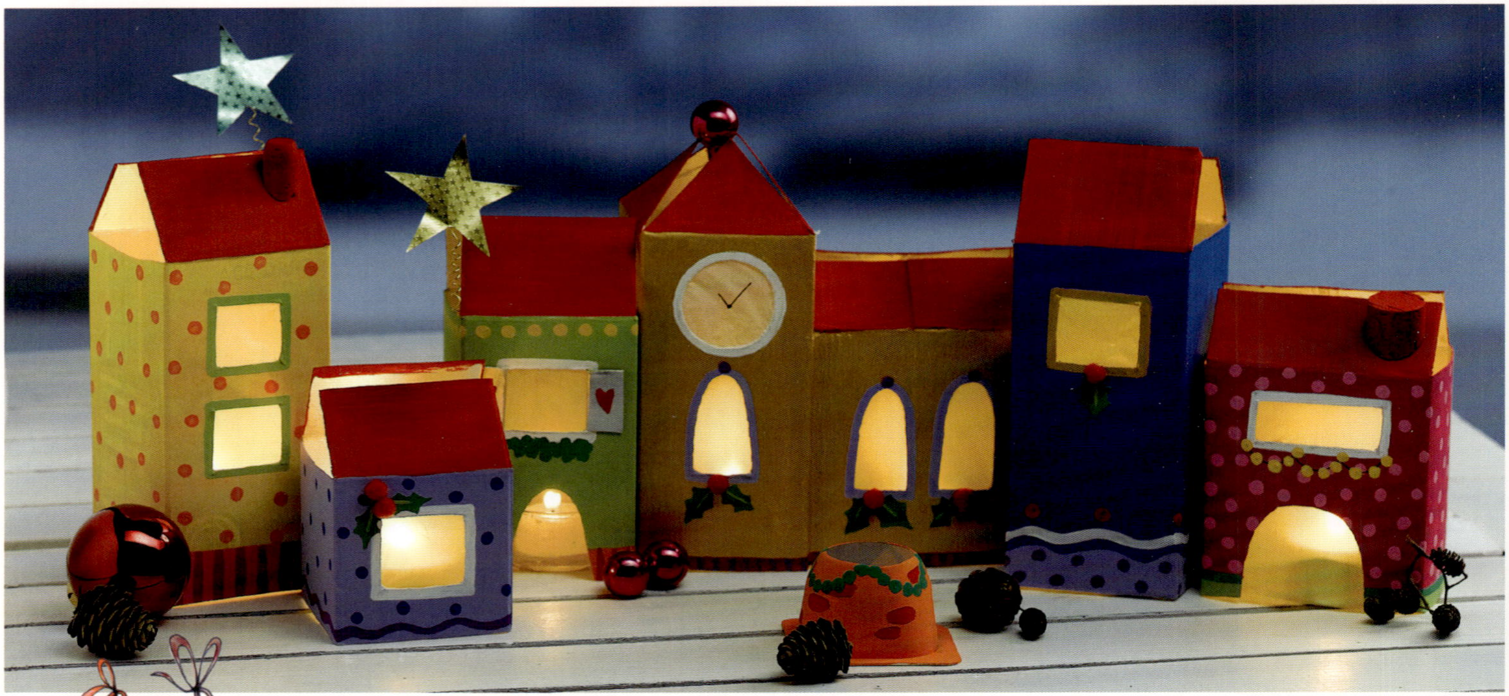

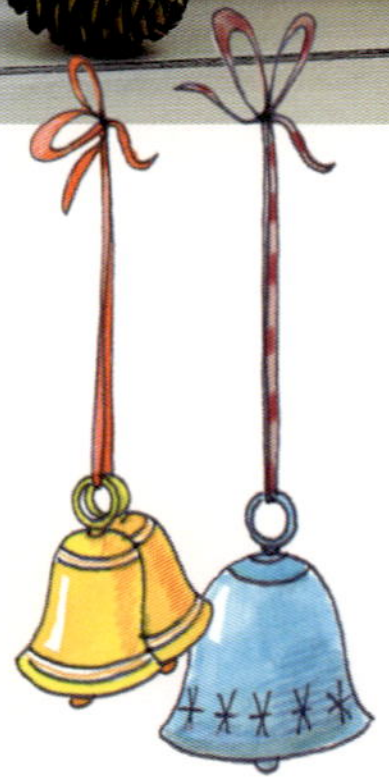

Schritt 1 Schneide aus den Getränkepackungen die Böden und Deckel heraus. Lass hierzu von einem Erwachsenen mit einer spitzen Schere ein Loch vorstechen und schneide die Teile an den Rändern entlang ab. Für die Dächer schneidest du die vier oberen Packungskanten ca. 4,5 cm tief ein. Schneide dann zwei gegenüberliegende Kartonteile ab dieser Höhe heraus. Die zwei übrigen Kartonteile knickst du nach innen, sodass sie ein Dach bilden.

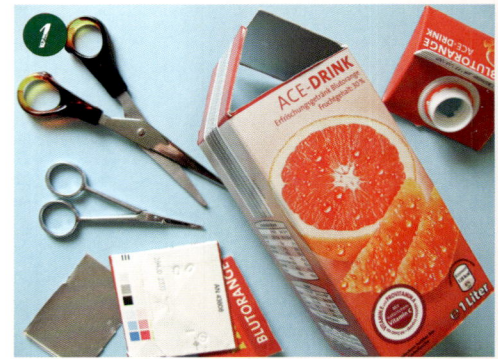

- ausgewaschene Saft- und Milchpackungen (Tetrapacks)
- Kinder-Schokodessert-Becher (für Brunnen)
- Acrylfarben in Weiß, Rosa, Pink, Orange, Rot, Blau, Flieder, Lila, Hell- und Dunkelgrün, Gelb und Gold
- farbige Plastiktüten oder Müllbeutel
- Kreppklebeband

- Pompons in Rot, ø 7 mm
- Alu-Sternchenfolienreste in Gold und Grün
- Golddraht, ø 0,5 mm, 2 × 10 cm lang
- Korken
- Mini-Glaskugel in Pink mit Draht
- Teelichter, Windlichtgläser

Schritt 2   Für den Kirchturm schneidest du alle vier Kartonseiten zu einer Spitze zu und knickst sie nach innen. Klebe das kleine Haus mit Kraftkleber am Kirchturm an und verstärke die Kanten mit Kreppband. Für den Brunnen schneidest du ein Loch in den Becherboden. Zeichne Fenster und Türen auf deine Häuser und schneide sie aus, indem du mit der Schere ein Loch einstichst und von diesem aus alle Umrisse verbindest und ausschneidest. Male alle Teile mit weißer Acrylfarbe an.

Schritt 3   Nun kannst du Häuschen und Brunnen in deinen Lieblingsfarben anmalen. Wenn die erste Farbe trocken ist, male mit weiteren Farben Wellen, Linien, Fensterumrandungen, Lichterketten, grüne Blätter und was dir sonst noch einfällt auf. Punkte kannst du mit Wattestäbchen aufsetzen.

Schritt 4   Schneide aus den Plastiktüten Fenster zu, die etwas größer sind als der Fensterrahmen. Umrande die Plastiktütenstücke gut mit Klebestift und klebe sie von innen hinter die Fenster- oder Türausschnitte, sodass innen nichts absteht oder runterhängt.

Schritt 5   Für die Schornsteine lasse Korken mit dem Cuttermesser schräg halbieren und klebe sie auf die Dächer. Die Kirchturmspitze bekommt eine Glaskugel eingeklebt. Auf den Häusern kannst du Pompons fixieren. Klebe Alufoliensterne an Golddrähte, die du über ein Schaschlikstäbchen gewickelt und wieder abgezogen hast und klebe sie in die Häuser. Bitte beleuchte deine Stadt nur mit Teelichtern in Gläsern und achte darauf, dass die Dächer immer offen stehen, damit die Flamme genug Luft bekommt.

Die leckersten Plätzchen der Welt

„OMA!", JUBELTE MAX und sprang aus dem Auto. Er rannte ihr entgegen und drückte sie so fest er konnte. Adventszeit ist schön, aber Adventszeit bei Oma und Opa ist etwas ganz Besonderes!

„Wie schön, dass du kommst", sagte Opa. „Ich habe noch kein einziges Weihnachtsplätzchen gegessen und noch keinen Tannenzweig geschnitten." Max lachte. „Jetzt bin ich ja da, ich helfe euch", versprach er. Er winkte seiner Mama, die ins Auto stieg und zurück nach Hause fuhr. Dann ging es los.

„Zuerst müssen wir Tannenzweige schneiden", überlegte Max. Opa nickte. Er holte den alten Schlitten aus dem Schuppen und zog Max zum kleinen Wäldchen hinter dem Haus. Oma und Opa wohnten so weit draußen, dass sie nicht einfach Tannenzweige kaufen konnten. Aber so fand Max es auch viel besser. Sie schnitten viele Zweige ab und legten sie auf den Schlitten. Nun zog Max den Schlitten selbst zurück nach Hause. Plötzlich krachte es irgendwo. „Was war das?", fragte Max erschrocken. Opa sah sich ratlos um. „Ich weiß es nicht. Ein Unfall vielleicht?"

Tatsächlich war es ein Unfall gewesen. Oma erwartete sie schon an der Haustür und rief: „Ihr glaubt nicht, was passiert ist!" Sie hatte im Radio gehört, dass kurz vor Neudorf ein großer Laster von der Straße gerutscht und gegen einen Strommast geprallt war. „Der Mast ist umgefallen", sagte Oma.

„Oh, oh!", antwortete Opa.

„Warum sagst du ‚oh, oh'?", wollte Max wissen.

„Weil das bestimmt der Strommast war, der uns auch mit Strom versorgt", erklärte Opa. Oma nickte. „Nichts geht mehr. Licht, Türklingel, Fernsehen – ich musste das alte Radio mit den Batterien aus dem Schuppen holen, um zu hören, was passiert ist."

Max überlegte. „Aber Stromkabel sind doch unter der Erde, oder?"

„Nicht hier", meinte Oma. „Nur für unser kleines Haus wurden damals keine neuen Leitungen verlegt. Wir haben noch die alten Masten."

„Macht ja nichts", sagte Max. „Dann machen wir eben Kerzen an."

Opa lächelte schief. „Tja, da gibt es nur ein Problem. Der Herd funktioniert auch nicht."

Max wusste sofort, was das bedeutete. „Dann können wir keine Plätzchen backen." Opa nickte.

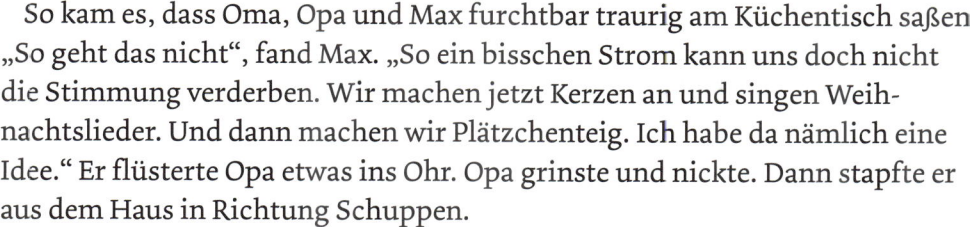

So kam es, dass Oma, Opa und Max furchtbar traurig am Küchentisch saßen. „So geht das nicht", fand Max. „So ein bisschen Strom kann uns doch nicht die Stimmung verderben. Wir machen jetzt Kerzen an und singen Weihnachtslieder. Und dann machen wir Plätzchenteig. Ich habe da nämlich eine Idee." Er flüsterte Opa etwas ins Ohr. Opa grinste und nickte. Dann stapfte er aus dem Haus in Richtung Schuppen.

Oma lachte. „Na gut, dann machen wir mal Teig. Ich bin gespannt, was ihr ausheckt."

Als Max und Oma die Plätzchen ausstachen, zog plötzlich Rauch vorm Fenster entlang. „Brennt da etwas?", fragte Oma entsetzt.

„Nein, das ist nur vom Grill", rief Max lachend.

In diesem Moment kam Opa herein – mit einer großen Grillpfanne in der Hand. „Der Grill ist heiß, die ersten Plätzchen können in die Pfanne", sagte er.

Oma staunte. Dann lachte sie und legte die ausgestochenen Plätzchen in die Pfanne. Max und Opa spazierten hinaus.

Die ersten Plätzchen verbrannten. Die zweiten waren zu weich. Die dritten waren schwarz, schmeckten aber schon ein bisschen nach Plätzchen. Als die vierte Plätzchenpfanne gerade fertig war, kam Oma in den inzwischen fast dunklen Garten. Sie probierte gleich ein Plätzchen.

„Ja!", schmatzte sie. „Die sind prima."

Im selben Moment flackerte die Lichterkette am Fenster auf.

„Sie haben den Mast repariert", freute sich Opa.

„Schade", meinte Max. „Ich find's sehr gemütlich ohne Strom!"

Da lachte Opa und machte einfach alle Lichter wieder aus. Und so standen sie von Kerzen umringt Plätzchen futternd um den Grill herum, als Max' Eltern kamen, um ihn abzuholen.

„Was macht ihr da bloß?", fragte Max' Papa verwirrt. „Grillt ihr etwa?"

„Ja!", rief Max glücklich. „Und zwar die leckersten Plätzchen der Welt!"

Tja, Adventszeit ist schön, aber Adventszeit bei Oma und Opa ist eben wirklich etwas ganz Besonderes!

EISGUGELHUPF

Frostig mit schillernd-schöner Pomponfüllung

Material

- Gugelhupfbackform (kein Glas!)
- Metallic-Pompons in vielen Farben

Tipp

Für die Deko-Eisförmchen gibst du einen Pompon in die Spitze und füllst mit Krepppapier gefärbtes Wasser ein. Drücke den Pompon mit einem Löffelstiel nach unten und fülle weiteres Wasser nach. Stecke den Griff in das Förmchen und lass es draußen gefrieren. Fertig!

Wenn es draußen klirrend kalt ist, kannst du dir diesen Eiskuchen „backen". Du füllst einfach eine Gugelhupfform mit wenig Wasser auf, gibst die bunten Pompons hinein und stellst die Form nach draußen. Ist das Wasser mit den Pompons richtig fest eingefroren, füllst du die Form mit weiterem kalten Wasser auf und lässt es über Nacht gefrieren. Wenn die Pompons gut festgefroren sind, kommen sie nicht mehr an die Wasseroberfläche und sind später im Kuchen gut zu sehen. Am nächsten Morgen kannst du den Gugelhupf stürzen (evtl. mit warmem Wasser aus der Form lösen) und im Garten dekorieren.

19. DEZEMBER

Das Papier schön feste halten,
links und rechts ein wenig falten,
Klebestreifen hier und da,
mein Geschenk wird wunderbar!

GESCHENKPAPIER

Schwierigkeitsgrad

Stempelspaß mit Ausstechförmchen

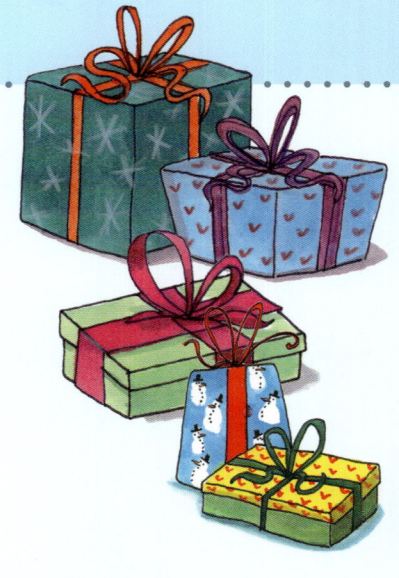

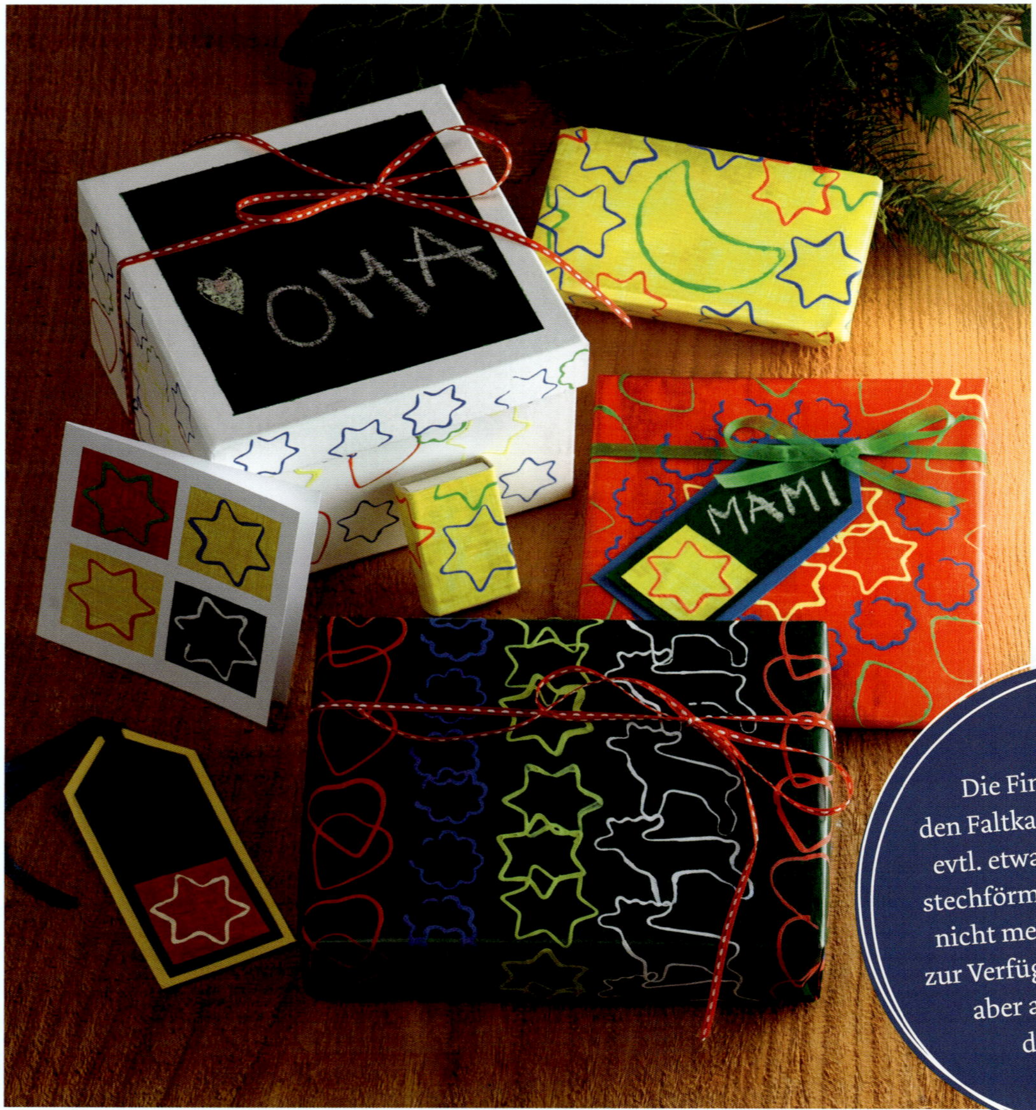

Tipp

Die Fingerfarbe geht an den Faltkanten beim Einpacken evtl. etwas ab. Wenn alte Ausstechförmchen, die zum Backen nicht mehr gebraucht werden, zur Verfügung stehen, kann man aber auch mit Acrylfarbe drucken. Sie hält besser.

Material

- einfarbiges Geschenk- oder Packpapier in Rot, Gelb und Dunkelgrün
- Fingerfarben in Weiß, Blau, Rot, Grün und Gelb
- weihnachtliche kleine Ausstechförmchen
- Pappschachtel in Weiß, 15 cm × 15 cm
- Tafelfarbe in Dunkelgrün
- Kreppklebeband, fein
- Fotokartonreste, verschiedene Bänder

Schritt 1   Hier wird mal nicht mit Fingern, Kartoffeln oder Stempeln gedruckt, sondern mit kleinen Ausstechförmchen zum Plätzchenbacken. Verteile die Fingerfarben auf einem Pappteller und lege ein Stück einfarbiges Geschenkpapier auf Zeitungen aus. Tauche ein Förmchen in eine der Farben und drucke es auf dem Papier ab. Drucke mit verschiedenen Förmchen und Farben und ordne sie durcheinander oder in Mustern an, wie es dir gefällt. Zuletzt spüle alle Förmchen mit Wasser ab. Wenn die Farbe getrocknet ist, kannst du deine Weihnachtsgeschenke mit dem bunt bedruckten Papier einpacken.

Schritt 2   Du kannst auch eine fertige weiße Schachtel mit Förmchen bunt bedrucken. Die obere grüne Fläche wurde mit Tafelfarbe bemalt, so kann man sie mit Kreide immer neu beschriften. Klebe dafür einen schmalen Rand auf dem Deckel mit Kreppband ab und trage die Tafelfarbe in 3–4 Schichten mit einem Pinsel auf. Trage jede Schicht in einer anderen Richtung auf, damit die Fläche schön dicht wird. Nach dem Trocknen ziehst du das Kreppband ab, fertig! Auch die Kartonanhänger (4,5 cm × 11 cm) wurden mit Tafelfarbe bemalt und, wie auch die Karte, mit kleinen bedruckten Geschenkpapierresten beklebt. Sie werden spitz zugeschnitten, noch mal auf andersfarbigen Karton geklebt und mit der Lochzange gelocht. Knote sie mit schönen Bändern an deine Geschenke.

ZIMTSTERNE

Sterne aus Zimt sind wunderbar,
schmecken auch der Kinderschar.

400 g gemahlene Mandeln
250 g Puderzucker
3 TL Zimt · 3 Eiweiß
1 Röhrchen Bittermandelöl
125 g Puderzucker

Mische die Mandeln mit Puderzucker und Zimt. Gib dann 2 Eiweiß und den Bittermandelextrakt (kleines Röhrchen) dazu und verrühre alles mit dem Handrührgerät.

Rolle den Teig ca. 1 cm dick aus, bestreue die Arbeitsfläche vorher mit Puderzucker oder Mehl. Stich mit einer Form Sterne aus und lege sie auf ein mit Backpapier belegtes Blech. Schlag das übrige Eiweiß zu Eischnee und gib nach und nach den Puderzucker dazu. Mit der fertigen Masse bepinselst du dann die Sterne. Backe deine Zimtsterne im vorgeheizten Backofen auf der untersten Schiene bei 150 Grad ca. 15 Minuten. Das Innere der Plätzchen sollte noch weich, aber nicht mehr roh sein.

20. DEZEMBER

Draußen weht ein kalter Wind
gut, dass wir heut drinnen sind.
Komm, wir trinken heißen Tee
und schau'n in den Glitzerschnee!

TASSENWÄRMER

Schwierigkeitsgrad
●●○

Vorlage
Seite 126

Tierische Geschenke für Kaffee- oder Teetrinker

Diese kuscheligen Hüllen halten heiße
Getränke warm und schützen deine Hände.

Schritt 1 Übertrage die Vorlagen
für die tierischen Hüllen auf Transparentpapier und schneide sie aus. Lege
die Schablonen auf den Filz, umrande
sie mit wasserfestem Filzstift und
schneide sie mit der Stoffschere zu.
Die Tierkörper werden aus dickem Filz,
die Kleinteile aus dünnem Filz und
die Augen aus Formfilz gefertigt. Die
Flecken der Kuh kannst du nach Lust
und Laune zuschneiden.

- dicker Bastelfilz, 3–4 mm stark, 30 cm × 45 cm in Braun, Gelb, Weiß, Grün und Blau
- dünne Bastelfilzreste, 1 mm stark in Weiß, Hellgrün, Blau, Pink, Orange, Rot, Rosa und Schwarz
- Formfilzrest in Weiß (Augen)
- Sticknadel und Stickgarn in Gelb, Orange, Flieder, Weiß, Rosa, Gelb und Rot
- Druckknöpfe zum Annähen, ø 11 mm
- Porzellan-Kaffeebecher
- Kreidestift in Rot
- Stoffschere

Schritt 2   Klebe alle dünnen Filzteile mit Alleskleber auf die Tierkörper. Beim Krokodil klebst du alle Körperzacken in einer Linie auf, bei der Katze zeigen sie abwechselnd nach oben und unten. Die Schlange erhält oben und unten versetzte Punkte. Ihre Zunge klebst du, wie die Krokodilzähne und den Hühnerschnabel, unter dem Kopf fest. Spitze den roten Kreidestift, reibe mit dem Finger in den Farbbröseln und schattiere damit alle Backen. Umrande die Augen mit hellblauem Buntstift, zeichne mit wasserfestem Filzstift Pupillen auf und klebe sie auf den Kopf.

Schritt 3   Verziere die aufgeklebten Teile mit hübschen Stickereien. In der Vorlage (Seite 126) sind sie als dicke Strichellinien dargestellt. Es wird im einfachen Vorstich gestickt. Mache einen Knoten in das Stickgarn und stich mit der Nadel durch den Filz nach oben. Stich wieder mit der Nadel nach unten und im gleichen Abstand wieder nach oben und fahre so fort. Beim Katzenmund werden die Lücken bei einem zweiten Durchgang mit Vorstichen aufgefüllt.

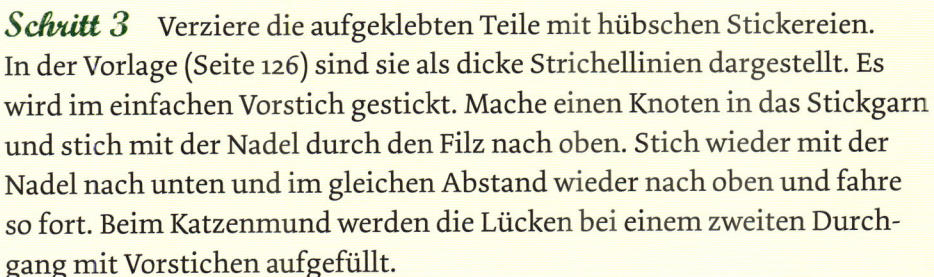

Schritt 4   Lege die Hülle um die Tasse. Führe den Kopf durch den Henkel und lege ihn auf das Körperende, sodass die Hülle fest sitzt. Markiere unter dem Kopf den Punkt, an dem du den Druckknopf annähen möchtest. Er sollte mittig und nicht zu nah an der Spitze sitzen! Markiere auch den gegenüberliegenden Punkt auf dem Körperende. Entferne die Hülle von der Tasse und nähe auf den Punkten je ein Teil des Druckknopfes an. Achte darauf, dass du sie richtig herum annähst, damit sie sich zusammendrücken lassen! Danach kannst du die Hülle wieder um die Tasse legen und mit dem Druckknopf verschließen. Geschafft!

IM WINTERWALD

Wo Puderzuckertannen stehen

Zutaten

- Oblaten-Lebkuchen mit Schokoglasur oder unglasiert (3 je Tanne)
- 1 Eiweiß, 150 g Puderzucker (Guss für ca. 6–7 Tannen)
- Zuckerstreusel, -konfetti und -perlen
- Gefrierbeutel

Schritt 1 Zeichne die Sternvorlagen für die Tanne auf Transparentpapier ab und schneide sie aus. Das sind die Schablonen, die du je auf einen Lebkuchen legst und deren Kontur du mit einem kleinen Messer einritzt. Lass die Sterne von einem Erwachsenen mit einem scharfen Messer ausschneiden. Wenn du willst, kannst du auch einfach drei Sternausstechförmchen verwenden, die du fest in die Lebkuchen drückst. Den überstehenden Teig mit der Hand wegbröckeln. Für die Spitze aus den Resten ein kleines Dreieck zuschneiden.

Schritt 2 Mixe das Eiweiß und den Puderzucker zu einem festen Guss und fülle ihn in eine Ecke eines Gefrierbeutels. Schneide eine kleine Spitze ab, durch die der Guss austreten kann. Klebe nun die Lebkuchensterne mit dem Puderzuckerguss zur Tanne, den größten Stern nach unten, das kleine Dreieck als Spitze nach oben. Lege Backpapier darunter, damit alles sauber bleibt.

> ### Tipp
> Wegen der aufgeschnittenen Kanten trocknen die Lebkuchen rasch aus. Du solltest sie also schnell aufnaschen. Vielleicht machst du vorher noch ein schönes Foto?

Schritt 3 Verziere die Spitze und alle Zacken mit dem Zuckerguss und streue schnell viele bunte Zuckerstreusel und -perlen darüber. Wenn der Guss getrocknet ist, kannst du die Tannen dann an liebe Menschen verschenken oder du lässt dir selbst eine schmecken. Hmmm, lecker!

O Tannenbaum

1. O Tan-nen-baum, o Tan-nen-baum, wie grün sind dei-ne Blät-ter! Du grünst nicht nur zur Som-mer-zeit, nein, auch im Win-ter, wenn es schneit. O Tan-nen-baum, o Tan-nen-baum, wie grün sind dei-ne Blät-ter.

2. O Tannenbaum, o Tannenbaum,
du kannst mir sehr gefallen!
Wie oft hat nicht zur Weihnachtszeit,
ein Baum von dir mich hoch erfreut.
O Tannenbaum, o Tannenbaum,
du kannst mir sehr gefallen!

21. DEZEMBER

Oma ein Geschenk zu bringen
ihr ein schönes Lied vorsingen,
das macht mich ganz weihnachtsfroh
und die Oma ebenso!

WACKELKANDIDATEN

Lustige Eisbär- und Pinguinkreisel

Material

- Fotokartonreste in Weiß, Schwarz, Hellblau und Orange
- teilbare, transparente Plastikkugeln, ø 5 cm und ø 7 cm (= je 2 Figuren)
- Acrylfarbe in Weiß und Schwarz
- Band in Blau-Rosa gestreift, 1 cm breit, ca. 10 cm lang
- kleine Kieselsteine oder Glöckchen

Schritt 1 Teile die Kugeln für die Wackeltiere in zwei Hälften und lasse dir von einem Erwachsenen mit einer Zange den Aufhänger abknipsen. Klebe mit Kraftkleber in die Kugelhälften Kieselsteine oder 1–2 Glöckchen ein. Wenn ein Erwachsener die Steine mit Heißkleber einklebt, geht es schneller und ist stabiler. Es sollte aber Niedrigtemperaturkleber sein, sonst schmilzt das Plastik! Bemale die Außenseiten der Plastikkugeln zweimal mit Acrylfarbe (große Eisbärkugel in Weiß, kleine Pinguinkugel in Schwarz) und lasse sie trocknen.

Schritt 2 Übertrage mit Hilfe von Transparentpapierschablonen die Vorlagen auf Fotokarton und schneide Körper, Köpfe und Bäuche mit der Schere aus. Die Gesichter und Bäckchen kannst du mit schwarzem Filzstift und Buntstiften aufmalen.

Schritt 3 Forme die Körperzuschnitte für Eisbär und Pinguin je zu einem Kegel, der noch über die jeweilige Plastikkugelhälfte passt, und tackere die Enden mit einem Heftgerät zusammen. Du kannst zusätzlich in den Zwischenraum des Kegels etwas Klebstoff einfüllen. Lass dir von einem Erwachsenen den Rand der Plastikkugelhälfte rundum mit Heißkleber versehen und setze den Kegel aufrecht darauf, sodass die Figur gerade steht. Nun kannst du die Bäuche und Köpfe der Tiere vorne auf die Kegel kleben. Der Eisbär erhält zusätzlich ein Band, das vor dem Ankleben unter dem Kopf fixiert wird. Nun kannst du die Figuren als Kreisel benutzen oder du lässt sie lustig hin- und herschwingen. Durch den Stein im Inneren stellen sie sich immer wieder auf.

Weihnachten

Joseph von Eichendorff (1788–1857)

Markt und Straßen stehn verlassen,
still erleuchtet jedes Haus,
sinnend geh ich durch die Gassen,
alles sieht so festlich aus.

An den Fenstern haben Frauen
buntes Spielzeug fromm geschmückt,
tausend Kindlein stehn und schauen,
sind so wunderstill beglückt.

Und ich wandre aus den Mauern
bis hinaus ins freie Feld,
hehres Glänzen, heil'ges Schauern!
wie so weit und still die Welt!

Sterne hoch die Kreise schlingen,
aus des Schnees Einsamkeit
steigt's wie wunderbares Singen –
o du gnadenreiche Zeit!

22. DEZEMBER

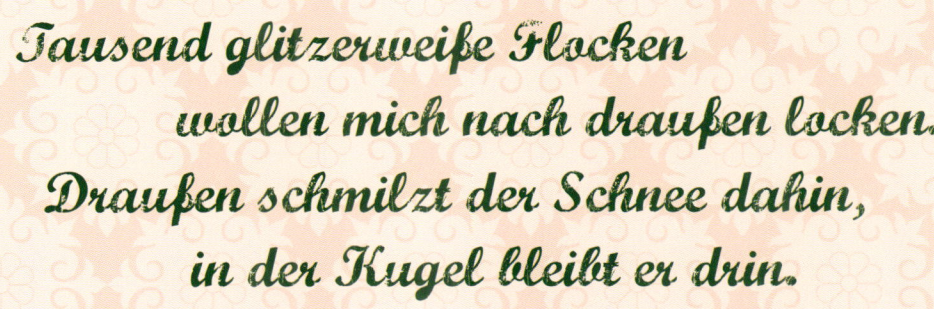

Tausend glitzerweiße Flocken
wollen mich nach draußen locken.
Draußen schmilzt der Schnee dahin,
in der Kugel bleibt er drin.

FIMO®-SCHNEEKUGEL

Ein Stück Nordpol zum Verschenken

Ein Fimo®SOFT-Stück ist in Rippen eingeteilt. Für große Teile wird angegeben, wie viele Rippen du brauchst, ansonsten werden nur Reste benötigt. Knete das Fimo® vor dem Modellieren mit den Händen weich.

Schritt 1 Damit der Bär im Glas gut zu sehen ist, forme für eine Bodenplatte eine Kugel aus 7 Rippen. Walze sie mit dem Nudelholz (oder einer Flasche) flach. Sie muss so in den Deckel passen, dass das Glas aufgeschraubt werden kann! Der Eisbär wird aus vielen Kugeln geformt, die Kugeln für die Nase, Ohren und Pfoten werden flach gedrückt. Der Körper besteht aus vier Rippen, der Kopf aus zwei, Hände, Ohren und Beine werden aus einer vierte Rippe, die Füße aus einer halben Rippe modelliert. Für die türkisen Punkte formst du winzige Kugeln und drückst si auf die Körperteile. Verknete Blau und Türkis miteinander walze es aus und schneide den Fisch mit einem Messer aus

Material

- Glas mit fest sitzendem, weißem Schraubdeckel, ca. 9,5 cm hoch, ø 8,5 cm (z. B. Honigglas)
- Modelliermasse Fimo®SOFT, 3 Pck. in Weiß (0), Reste in Indischrot (24), Pfefferminz (39), Pazifikblau (37), Mandarine (42) und Schwarz (9)
- Acrylfarbe in Orange und Türkis

- Modellierwerkzeug, Zahnstocher, Nudelholz
- Stern-Plätzchenform, ø 5 cm
- wasserfester Klebstoff, z. B. Heißkleber oder Modellbaukleber (Allplast)
- destilliertes Wasser, Geschirrspülmittel
- Streuglitter in Silber oder Sterne in Türkis

Schritt 2   Rolle rotes Fimo® (eine halbe Rippe) zu einer Wurst und walze sie flach. Forme Kügelchen in Orange, setze sie auf die rote Fläche und rolle noch mal mit dem Nudelholz darüber. Schneide mit dem Messer einen Schal aus (ca. 5 mm breit). Setze den Bären auf der Bodenplatte zusammen. Verbinde Kopf und Körper mit einem Zahnstocher. Schlinge den Schal um den Hals, bevor du die Pfoten ergänzt. Setze Augen und Mund aus kleinen Kugeln und Würstchen auf. Überprüfe, ob der Eisbär gut ins Glas passt, besonders an den Füßen!

Schritt 3   Forme eine weiße Kugel (zwei Rippen), walze sie flach und stich einen Stern aus. Forme eine rote Kugel (eine halbe Rippe) und verteile rundum Kügelchen in Orange. Rolle sie noch mal in der Hand zur Kugel. Forme eine kleinere Kugel aus blauem und türkisfarbenem Fimo®. Setze die drei Teile übereinander. Nun kann das Fimo® auf Alufolie gesetzt im vorgeheizten Ofen (110°C, 30 Minuten) gehärtet werden.

Schritt 4   Bemale den Deckelrand mit orangefarbenen Streifen, den Glasboden mit einem türkisfarbenem Kreis. Ist der Eisbär abgekühlt, lass ihn von einem Erwachsenen mittig in den Deckel kleben. Überprüfe, ob das Glas gut aufgeschraubt werden kann! Fülle das Glas zu ca. drei Vierteln mit destilliertem Wasser und schraub den Deckel auf. Vielleicht musst du etwas Wasser nachfüllen. Gib einen Tropfen Spülmittel hinein und einen halben Teelöffel Glitter. Schließe das Glas ganz fest zu, drehe es um und klebe zuletzt die Sternverzierung auf dem Glasboden fest.

Ein Chor auf der Autobahn

Hanna saß hinten im Wagen und langweilte sich. Die Fahrt zu Oma war einfach zu lang. Wer saß schon gerne drei Stunden im Auto und das an Heiligabend? „Warum müssen wir denn über die Autobahn fahren?", jammerte Hanna. „Draußen gibt's überhaupt nichts Spannendes zu sehen." In diesem Moment bremste Papa. „Ich fürchte, doch!", brummte er. „Stau." Hanna lächelte. „Ist doch toll", fand sie. Mama schaltete das Radio ein. Schon bald kamen die Verkehrsmeldungen: „Zehn Kilometer Stau auf der A2. Nichts geht mehr. Haltet durch, Leute, Helfer sind unterwegs." „Seht ihr, alles halb so wild", meinte Hanna und krabbelte auf Papas Schoß. „Nur kurz, bis die Wagen vor uns wieder losfahren", quengelte sie. Papa grinste.

Doch nach einer dreiviertel Stunde am Radio spielen und Scheibenwischer an- und ausmachen und Mama und Papa ausfragen hatte selbst Hanna keine Lust mehr.

„Es soll weitergehen, sonst kommen wir ja nie mehr zu Oma." Plötzlich fiel ihr ein: „Oder wir kommen erst morgen an, dann ist Heiligabend vorbei. Das wäre ja furchtbar! Nicht mal einen Weihnachtsbaum gibt es hier!" Hanna fing an zu weinen. „Ich will zu Oma! Ich will Geschenke. Und ich vor allem will ich einen Weihnachtsbaum!" Papa streichelte ihr tröstend über den Rücken. „Ich weiß nicht, was ich tun kann", murmelte er. Dann hob er den Kopf. „Doch, ich weiß es doch!" Hanna hörte auf zu schluchzen. „Was denn?", fragte sie. Papa schnallte sich ab und stieg aus dem Wagen. Er öffnete den Kofferraum, kramte darin herum und kam dann zurück. Bibbernd schlug er die Tür hinter sich zu. Auf dem Arm hatte er verschiedene Sachen: eine Rolle Geschenkband, zwei Äpfel, eine Zeitung und Strohhalme. „Was kommt denn jetzt?", fragte Mama verwirrt. „Hast du unseren Reiseproviant nicht in Alufolie gewickelt?", wollte Papa wissen. Mama nickte. „Pack ihn aus, bitte." Mama zog die Augenbrauen hoch. „Also, du willst jetzt Brote essen. So, so. Und offenbar willst du sie mit Strohhalmen aufspießen. Aber wozu die Zeitung?" Hanna kicherte. „Ich glaube, ich weiß, was Papa vorhat!" Hanna hatte letzte Woche im Kindergarten Strohsterne gebunden. Nun schnappte sie sich ein paar Strohhalme und das Geschenkband und bastelte los. Papa knotete Bänder an die Äpfel. Dann formte er Bälle aus Zeitungspapier, wickelte Alufolie drum herum und hängte auch diese an Bänder. „Glaubt ihr nicht, dass Oma den Baum schon fertig

geschmückt hat, wenn wir kommen?" „Wart's nur ab, Mama", kicherte Hanna. Dann zog sie sich Jacke und Mütze über und reichte auch Papa seine warmen Sachen. Sie stiegen aus und stapften gemeinsam über den Randstreifen der Autobahn, sprangen über einen kleinen Graben und gingen ein Stück auf dem Weg, der dort entlang führte. Mama sah ihnen kopfschüttelnd zu. Dann erkannte sie, was Hanna und Papa tun wollten: Sie liefen geradewegs auf eine große Tanne zu. Papa nahm Hanna auf die Schultern – und sie hängten die gebastelten Dinge in den Baum! Noch während sie alles festbanden, stiegen aus den anderen Autos auch Leute aus. Sie hielten aus Papierresten gebastelte Sachen in den Händen, Schleifen aus Geschenkpapier und immer wieder Kugeln oder Sterne aus Alufolie. Alles hängten sie zwischen die Zweige. Es war ein großes Durcheinander, und bald war die Tanne über und über mit buntem Schmuck behängt. „Herrlich", flüsterte Mama. Zwei Autos strahlten die Tanne mit ihrem Fernlicht an. Vor dem inzwischen fast dunklen Himmel sah das wunderschön aus. Mama stieg aus und klatschte. Immer mehr Menschen stiegen aus und klatschten. Hanna strahlte. Dann begann sie zu singen: „O Tannenbaum, o Tannenbaum, wie grün sind deine Blätter!" Alle stimmten mit ein. Es war gewiss der allerschönste Autobahnchor, den es je gegeben hatte.

Danach mussten alle schnell wieder in ihre Wagen steigen, denn es war wirklich lausekalt. Aber da kamen auch schon die Helfer der Freiwilligen Feuerwehr und brachten Decken, Tee und Kakao. Und die gute Nachricht war, dass sich weiter vorn der Stau schon aufgelöst hatte.

„Das ist der aufregendste Heiligabend, den ich je erlebt habe", sagte Hanna glücklich. Sie hockte in ihrem Sitz, hielt den warmen Kakao in der Hand und sah zu dem großen geschmückten Tannenbaum hinaus. Und als die Autos langsam losrollten, winkte sie und flüsterte: „Auf Wiedersehen, lieber Weihnachtsbaum!"

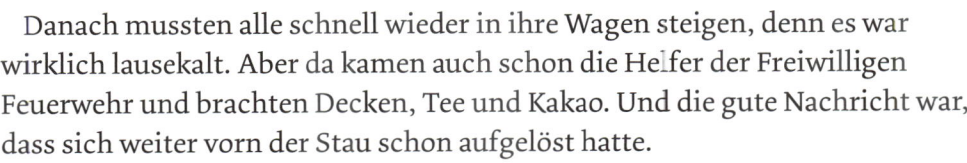

SCHNEEGESICHT

und Zapfenstern – ein Winterspaß für Groß und Klein

Material

○ Naturmaterial: z. B. verschiedene Zapfen, Eicheln, getrocknete Hagebutten und Orangenscheiben, Lampionblumen, Tannenzweige, Äste, Holzscheite, Steine usw.

Im Herbst hast du sicher jede Menge Zapfen, Blätter oder Kastanien gesammelt. Die kannst du jetzt als Gesichter, Weihnachtsmotive oder was dir gerade so einfällt in den Schnee legen oder in kleine Schneefiguren drücken. Lass dich von den Bildern hier zu eigenen Kunstwerken inspirieren! Wenn ihr eine Gruppe seid, könnt ihr auch ein richtig großes Bild legen. Eure Nachbarn werden bestimmt staunen!

23. DEZEMBER

Mamas Keksversteck zu finden,
mit ihr letzte Schleifen binden,
das ist, was ich gerne mag
am Abend vor dem Weihnachtstag.

ANHÄNGSEL

Schnell gemacht aus kunterbunten Bügelperlen

Schwierigkeitsgrad
●●○

Vorlage
Seite 130

Tipp
Du kannst diese bunten Anhänger auch an den Weihnachtsbaum hängen oder als Geschenkanhänger verwenden.

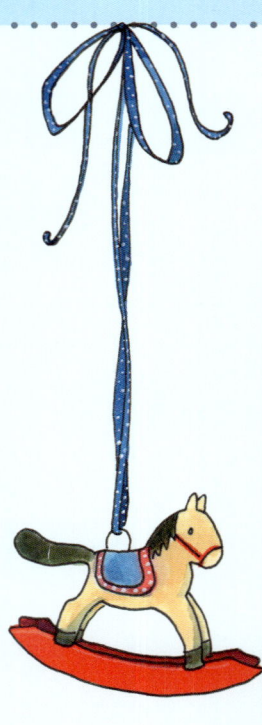

Schritt 1 Für die Anhänger steckst du die Bügelperlen auf die Stifte der runden Steckplatte. Du findest bei den Vorlagen (Seite 130) genaue Zeichnungen, wie du Schneestern, Ring, Herz und Co. stecken kannst. Der dicke Punkt in der Mitte ist die Mitte der Steckplatte. Auf die Reihenfolge der Farben musst du nicht achten. Wenn es dir besser gefällt, kannst du aber auch richtige Muster legen.

Material

- Bügelperlen, ø 5 mm, bunte Mischung und Rosa-Pink-Mischung
- Bügelperlen-Steckplatte, Kreis, ø 15 cm
- Chenilledraht in zweifarbig Rosa, Grün und Blau (30 cm je Ring)
- Pompons in zweifarbig Rosa, Grün und Blau, ø 2 cm
- Bindfaden
- Bügeleisen, Backpapier

Schritt 2   Hast du die Perlen gesteckt, lässt du sie von einem Erwachsenen bügeln, damit sie miteinander verschmelzen. Dazu wird Backpapier auf das Motiv gelegt und bei mittlerer Stufe in kreisenden Bewegungen überbügelt. Das Bügeleisen sollte nicht still auf einer Stelle gehalten, sondern immer bewegt werden. Wenn die Perlen durch das Backpapier sichtbar werden, sind sie miteinander verschmolzen. Nach dem Abkühlen kann man das Motiv von der Platte lösen. Sollte das Schmelzen noch nicht geklappt haben, kann man den Vorgang wiederholen.

Schritt 3   Stecke auf die Chenilledrähte Perlen und biege die Drähte zu einem Ring, dessen Enden du miteinander verdrehst. Fädele Bindfaden durch eine Perle der kleinen Bügelmotive (Schneestern und Herz) und mache darüber einen Knoten. Mache oberhalb davon einen zweiten Knoten in die Fäden, damit das Motiv später in der Ringmitte hängt. Lege die Bindfäden um den Drahtring und mach noch mal zwei Knoten, einen über dem Ring und einen oben als Aufhängung. Lass dir von einem Erwachsenen helfen, das ist ein bisschen knifflig!

Schritt 4   Für die Pomponanhänger ziehst du die Pompons auseinander, gibst Kraftkleber hinein und klebst einen mittig gefalteten Bindfaden fest, indem du den Pompon wieder zudrückst. Hänge die Pompons im Bügelperlenmotiv auf, wie bei den Chenilledrahtanhängern beschrieben.

Für den Chenillestern steckst du eine Perle auf einen Chenilledraht (8 cm) und legst ihn mittig unter den Bügelperlenring. Zwei weitere Chenilledrähte schiebst du von oben über den Ring, unter den ersten Draht hindurch und wieder über den Ring hinaus (siehe auch Schrittfoto). Klebe auf den Drahtenden Perlen fest und hänge den Stern mit Bindfaden auf.

Morgen, Kinder, wird's was geben

1. Mor - gen, Kin - der, wird's was ge - ben,
Welch ein Ju - bel, welch ein Le - ben

mor - gen wer - den wir uns freun!
wird in un - ser'm Hau - se sein!

Ein - mal wer - den wir noch wach,

hei - ßa, dann ist Weih - nachts - tag!

2. Wie wird dann die Stube glänzen
von der großen Lichterzahl,
schöner als bei frohen Tänzen
ein geputzter Kronensaal.
Wisst ihr noch vom vor'gen Jahr,
wie's am Weihnachtsabend war?

24. DEZEMBER

Hör, wie Jesus leise lacht
in der stillen Weihnachtsnacht.
Lach nur mit, denn ihm gefällt
das Kinderlachen auf der Welt!

WEIHNACHTSKRIPPE

Schwierigkeitsgrad
● ● ○

Vorlage
Seite 128

Eine Krippe zum Staunen und Spielen

Tipp
Die kleinen Streich-
holzschachtelfiguren
sind auch schön zum
Füllen und
Verschenken!

Eine Krippe darf unter dem
Weihnachtsbaum nicht fehlen.
Umso schöner ist es, wenn du
sie selbst gestaltet hast.

Schritt 1 Für die Krippe lass dir von einem Erwachsenen
zwei komplette Zacken der Sternschachtel mit dem Cuttermesser oder der Schere waagerecht abschneiden. Der Stern
sollte auf dieser geraden Kante gut stehen können. Male
den Stern nun in Weiß und nach dem Trocknen noch ein-
bis zweimal in Gelb an, bis die Farbe gut deckt.

Material

- Schachtel in Sternform, ca. ø 21 cm, Streichholzschachteln
- Tonpapierreste in verschiedenen Farben
- Fotokartonstreifen in Braun, ca. 4 cm breit × 32 cm lang
- Fotokartonreste in Hautfarbe, Hellbraun, Schwarz und Gelb
- Transparentpapierrest mit Punkten in Weiß

- Acrylfarben in Weiß, Braun und Gelb
- Wolle in Weiß, Gelb, Braun und Schwarz
- Krepppapier in Gelb, 17 cm × 22 cm und Blau, 3 cm x 15 cm
- Pompons, ø 7 mm in Rot, Rosa und Braun
- Zackenlitze in Gold, 3 × 10 cm lang, Ästchen

Schritt 2   Klebe den braunen Fotokartonstreifen unten links beginnend an allen inneren Zacken des Sterns mit Kraftkleber fest. Er soll einen schönen Ring bilden. Ein evtl. unten rechts überstehendes Ende kannst du abschneiden. Male die Schachtel innerhalb des braunen Kartonringes noch einmal in Braun an. Auch das Innenteil einer Streichholzschachtel malst du Braun an. Binde eine Seite des gelben Kreppapiers mit Wolle zusammen und klebe es hinter die Krippe.

Schritt 3   Die Figuren aus Streichholzschachteln werden mit Tonpapier beklebt. Du kannst es passend zuschneiden (5,3 cm × 11 cm) oder du klebst ein größeres Stück darum und schneidest Überstehendes ab. Auf die Fotokarton-Köpfe klebst du Pomponnasen und malst die Gesichter mit Filz- und Buntstiften auf. Für die Haare binde vier bis fünf Wollfäden mit einem weiteren Faden mittig ab und klebe sie auf die Köpfe. Die Könige werden zusätzlich mit Zackenlitzen und Kronen geschmückt. Der Hirte erhält einen Hirtenstab aus einem Ästchen, über dem du die Hand festklebst. Der Engel hat Flügel aus Transparentpapier.

Schritt 4   Marias Krepppapier-Umhang legst du über ihre Haare und klebst die Enden hinten und an der Seite fest. Schneide die Schachteln für die Schafe nach dem Bekleben mittig durch und klebe je einen mit Gelstift bemalten Kopf an. Auch die Schachteln für die Palme werden halbiert, schräg ineinandergeklebt und oben mit Palmblättern versehen. Klebe in die braun bemalte Streichholzschachtel weißes Tonpapier als Decke ein und ergänze darauf das Jesuskind. Nun kannst du die Krippe aufstellen und mit den Figuren dekorieren.

Jakob und Jesus

WIE SO OFT in letzter Zeit saß Jakob am Straßenrand und beobachtete die vielen Menschen, die durch Bethlehem liefen. Sein Vater hatte ihm erklärt, dass der Kaiser Augustus wissen wollte, wie viele Menschen in seinem Land lebten. Dazu musste jeder in seine Heimatstadt wandern und sich eintragen lassen. Jakob war froh, dass er hier in Bethlehem bleiben konnte. Es waren so viele Leute unterwegs! Obwohl sein Elternhaus keine Herberge war, hatte Jakobs Vater schon zwei Familien angeboten, auf Decken bei ihnen auf dem Boden zu schlafen. Jakob sah auf. Da kam wieder ein Paar, das sicher schon lange auf der Reise war. Der Mann sah müde aus und die Frau so erschöpft – oh, sie erwartete ein Kind! Jakob lief rasch ins Haus. „Papa, komm mit!" Er zog seinen Vater vor die Tür. „Sieh nur, die Frau trägt ein Kind unter ihrem Herzen. Du musst sie bei uns schlafen lassen!" Das reisende Paar hatte Jakob und seinen Vater erblickt und sah sie hoffnungsvoll an. Jakobs Vater schüttelte den Kopf. „Hallo, Fremde. Nirgends in der Stadt ist mehr ein Schlafplatz frei. Bei uns ist nicht mal mehr auf dem Boden Platz, es tut mir leid." Da platzte es aus Jakob heraus: „Sie könnten doch im Stall schlafen!" Aber Jakobs Vater zog die Stirn kraus. „Der Stall ist vor der Stadt. Unser Ochse steht darin, es ist kaum Platz, nicht sehr sauber und nur Stroh und Heu liegen als Boden darin. Dort kann doch keine Frau in so einem Zustand bleiben." Die Frau blickte ihn bittend an: „Es ist bestimmt wundervoll", flüsterte sie. „Besser, als auf der Straße zu schlafen." Jakobs Vater nickte. „Na gut. Jakob, zeig ihnen den Weg."

Jakob sprang vor Freude in die Höhe. Er konnte helfen! Langsam lief er voran. Sehr langsam. Denn die Frau ritt auf einem Esel, der auch schon müde war. Endlich, es wurde schon Abend, kamen sie an. Jakob öffnete ihnen die Stalltür. Er band den Ochsen an einen Balken am äußersten Stallrand, schob sauberes Stroh zusammen und legte weiches Heu darüber. „Wie heißt du, mein Junge?", fragte die Frau. „Mein Name ist Jakob", antwortete er. Die Frau legte ihre Hand auf seinen Kopf. „Gott segne dich, Jakob. Ich bin Maria. Mein Mann Josef und ich danken dir sehr für deine Hilfe." Jakob strahlte. Gleich lief er zurück nach Hause. Dort bettelte er seine Mutter um ein halbes Brot, etwas Käse und Milch an. Auch eine Decke nahm er mit. Dann rannte er noch einmal den langen Weg zum Stall zurück. Inzwischen war es schon fast Mitternacht. Zum Glück leuchtete es über einem Feld in der Nähe sehr hell, ob das ein Stern

war? Auf jeden Fall half es auch Jakob, den Weg zu finden. Als er näher zum Stall kam, lief Jakob langsamer. Es war wirklich schon spät. Ob Maria und Josef schon schliefen? Sollte er sie wecken? Jakob schritt über den letzten Hügel. Nun konnte er den Stall sehen. Doch was war das? Die Tür war offen und davor standen Männer. Das mussten Hirten sein, mit ihren Schafen. Was taten sie dort? Plötzlich ertönte ein heller Schrei. War das Maria? Brauchte sie Hilfe? Jakob rannte, so schnell ihn seine Beine trugen. Keuchend kam er beim Stall an. Gerade wollte er „Lasst sie in Ruhe!", schreien, da blieb er erstaunt stehen. Was war das? Maria sah nicht ängstlich aus. Im Gegenteil! Sie lächelte glücklich. Und was hatte sie dort im Arm? Jakob drängelte sich durch die Hirten nach vorn. „Du hast dein Kind bekommen", rief er überrascht. Maria blickte auf. „Jakob, wie schön, dass du kommst. Sieh nur, das ist Jesus. Dank dir hat er ein wundervolles erstes Zuhause." Jakob trat näher. Er schaute auf das kleine Baby, das ihn freundlich ansah. Vorsichtig streichelte er seine Hand. „Was machen all die Hirten hier?", flüsterte Jakob. Maria antwortete ebenso leise: „Sie danken dem Herrn." „Aber warum?", fragte Jakob. Maria lächelte. „Jesus ist der Sohn Gottes. Er wird Frieden in die Welt bringen." Jakob zog erschrocken seine Hand zurück. Der Sohn Gottes? So ein kleines Baby? Durfte man den überhaupt anfassen? Da streckte das Baby sein winziges Ärmchen in die Luft. So, als wollte es sagen: Natürlich darfst du mich berühren. Also reichte Jakob ihm seinen Finger. Jesus griff zu und hielt ihn ganz fest – und Jakobs Herz hüpfte vor Freude. War das eine unglaubliche Nacht!

GRUNDANLEITUNG

Das brauchst du zum Basteln

Weißes Transparentpapier wird zum Herstellen von Schablonen oder Übertragen der Vorlagen auf Papier benötigt.

Bleistifte, Spitzer und Radiergummi sowie Lineal gehören zur Grundausstattung einfach dazu.

Bunt- und Filzstifte in allen Farben werden zur farblichen Ausgestaltung verwendet. Mit weißen Lackmalstiften können Lichtpunkte, z. B. auf Augen oder Nasen gesetzt werden.

Kraftkleber, Alleskleber, Klebestift und Klebepads kleben Teile zusammen und fixieren Kleinteile, z. B. Strasssteine. Nur Erwachsene sollten mit einer Heißklebepistole kleben.

Kinderschere, große Papierschere und Nagelschere werden zum Ausschneiden der Motive verwendet. Erwachsene können auch mit einem Cuttermesser auf einer Unterlage schneiden.

Klebefilm und Kreppklebeband helfen beim Befestigen des Transparentpapiers auf der Vorlage bzw. dem Karton damit nichts verrutscht oder beim Zusammenhalten von zwei Kartonteilen.

Die Lochzange ist zum Anfertigen von Löchern hilfreich. Ansonsten kann auch eine Zirkelspitze verwendet werden.

Wasserglas, Haar- und Borstenpinsel, Pappteller für die Farben und Küchen- und Zeitungspapier werden für alle Malarbeiten benötigt. Mit Wattestäbchen, Zahnstocher und Schaschlikstäbchen lassen sich Punkte auftupfen.

Haushalts- und Büroartikel wie Messer, Nudelholz, Alufolie, Backpapier, Schürze, Schneidebrett, Zange, Locher und Heftgerät werden immer wieder benötigt.

Hinweis Mit Rest ist immer ein Stück gemeint, das maximal A5 groß ist.

Vorlagen übertragen

Schritt 1   Nimm einen Bogen Transparentpapier, lege ihn auf die Vorlage und fahre die Linien der einzelnen Muster mit einem weichen Bleistift (z. B. HB oder B) nach (evtl. mit Klebefilm sichern).

Schritt 2   Wende das Transparentpapier, lege es mit der bemalten Seite auf den Fotokarton und fahre alle Linien noch mal mit einem harten Bleistift nach. Dadurch werden die Linien auf den Karton übertragen und du kannst sie gut sehen.

Du kannst die Transparentpapiermuster aber auch als Schablonen ausschneiden (für festere Schablonen noch mal auf Karton kleben und ausschneiden). Lege diese Schablonen umgedreht auf deinen Karton und umrande sie mit Bleistift (Die Schablonentechnik ist für kleinere Kinder einfacher zu handhaben). Nun kannst du alle Motive mit der Schere ausschneiden!

Schritt 3   Die ausgeschnittenen Einzelteile kannst du, wie in der jeweiligen Anleitung beschrieben, mit Filz- und Buntstiften bemalen, nach Vorlage zusammenkleben und mit Strasssteinen, Pompons usw. verzieren.

VORLAGEN

Alle auf dieser Doppelseite abgebildeten Motive musst du mit einem Faktor von 200 % vergrößern, um die Originalgröße zu erhalten.

Schaukeltannen Seite 8/9

Weihnachtsmannkörper

knicken

Weihnachts-
mannmütze

knicken

Tanne
Spitze

Tanne
Mittelteil

Tanne
Bodenteil

Hut

Ohren

2 x

Futterbehälter
Seite 4/5

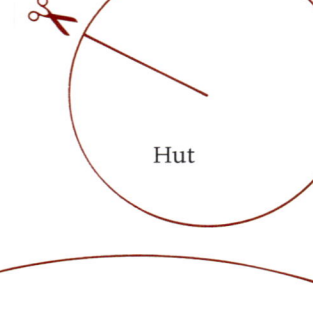

Körper Eisbär

Wackelkandidaten
Seite 104/105

Körper Pinguin

Bauch
Eisbär

Süßer Engel
Seite 68/69

Im Winterwald
Seite 100/101

Strass

Aststern
Seite 84/85

Strassstein

Glitter

2x

Alle auf dieser Doppelseite abgebildeten Motive
musst du mit einem Faktor von 200 % vergrößern,
um die Originalgröße zu erhalten.

Mütze Bartwichtel

Mütze Zitruswichtel

Zitruswichtel
Seite 28 / 29

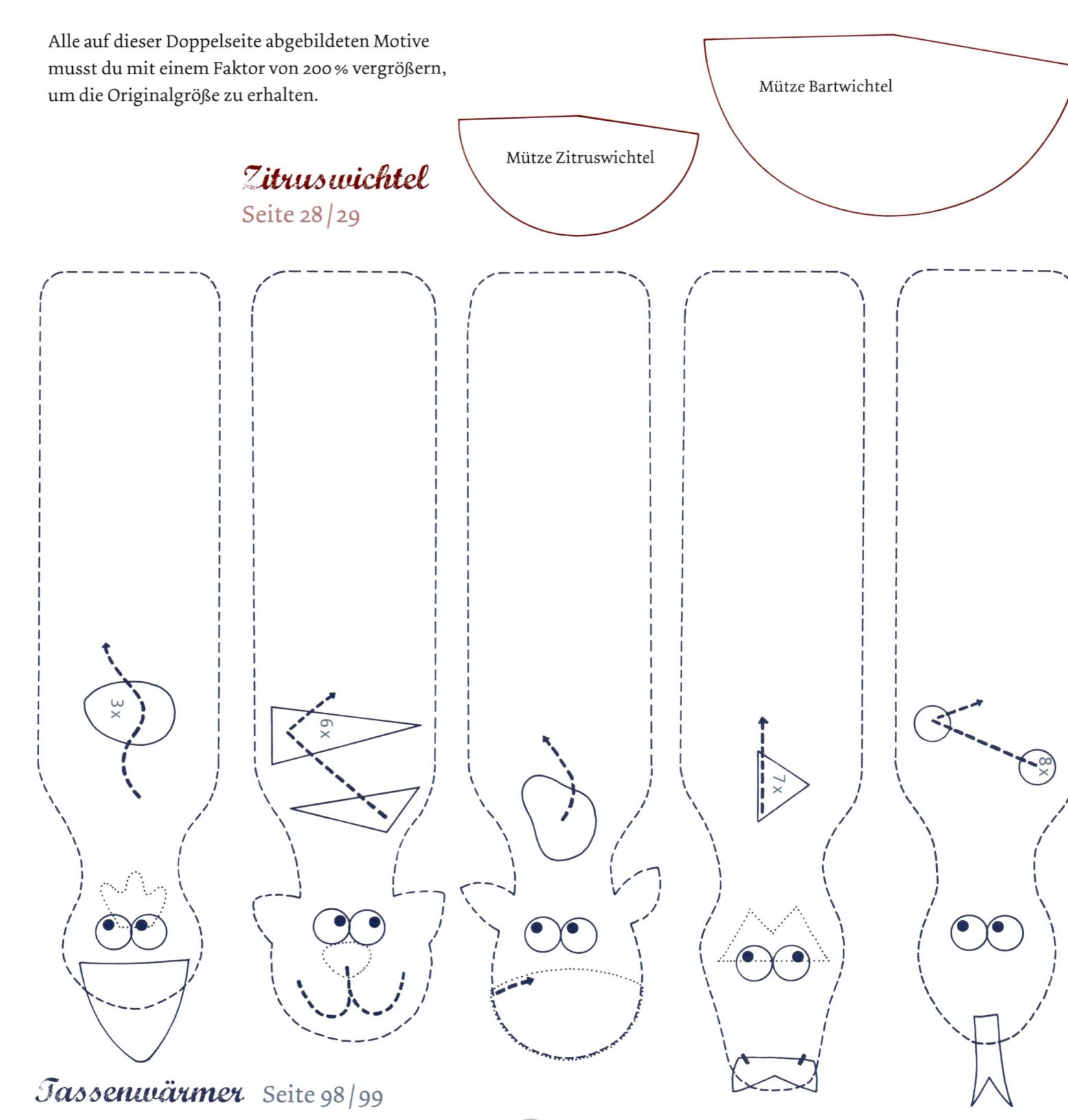

Tassenwärmer Seite 98/99

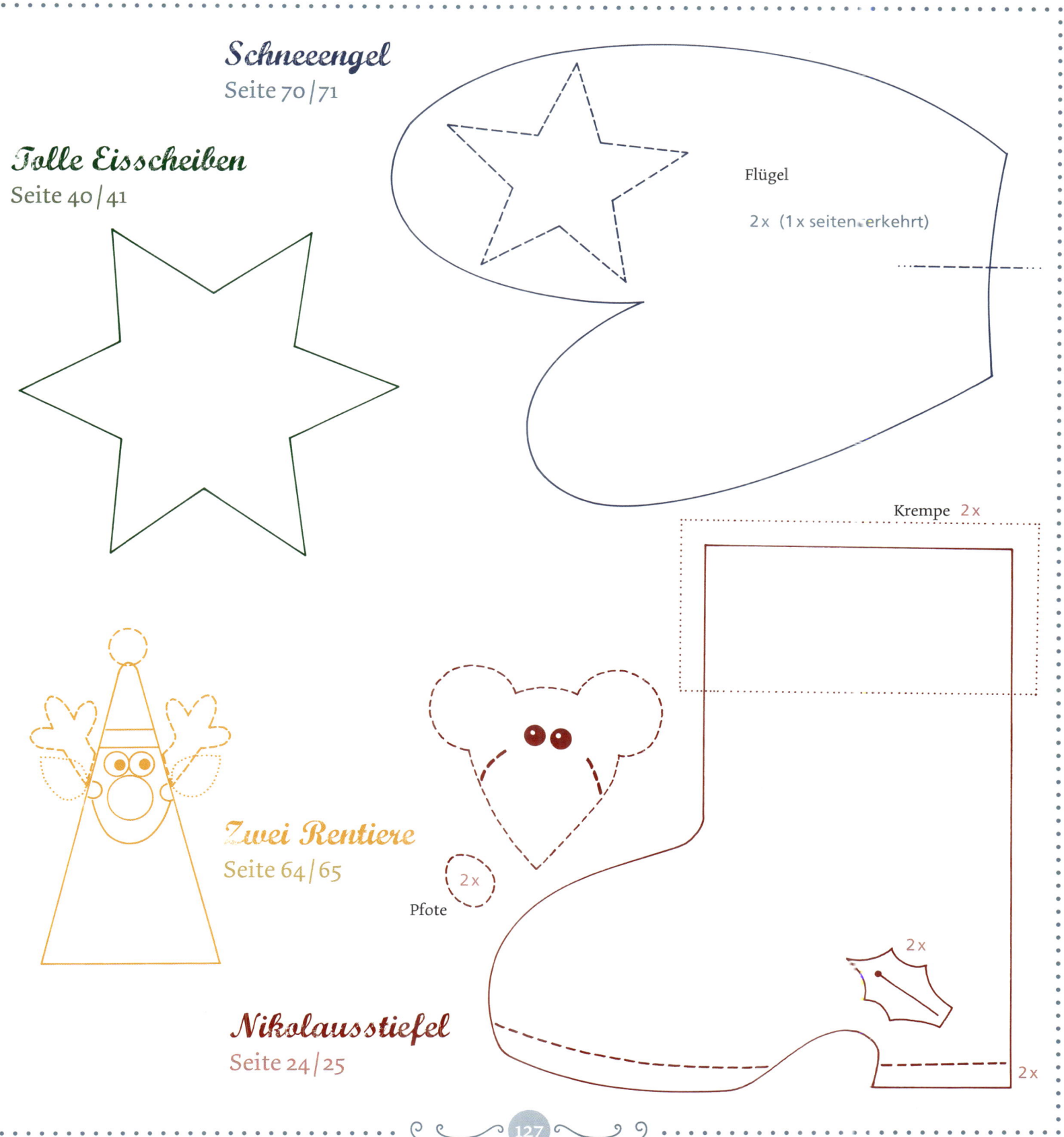

Schneeengel
Seite 70 | 71

Tolle Eisscheiben
Seite 40 | 41

Flügel

2 x (1 x seitenverkehrt)

Krempe 2 x

Zwei Rentiere
Seite 64 | 65

Pfote

2 x

Nikolausstiefel
Seite 24 | 25

2 x

2 x

Jesus

Weihnachtskrippe
Seite 118 / 119

Palmblatt

5–6 x

Kopf
(alle Figuren)

Hand

3 x

Krone

3 x

Engelsflügel

Porzellan
Seite 74 / 75

2 x

Schneeflöckchen
Seite 54 / 55

Flügel

2 x

Körper
(alle Figuren)

Chenilledraht

Papier

Flügel 2x

2x

Chenillefiguren
Seite 78|79

129

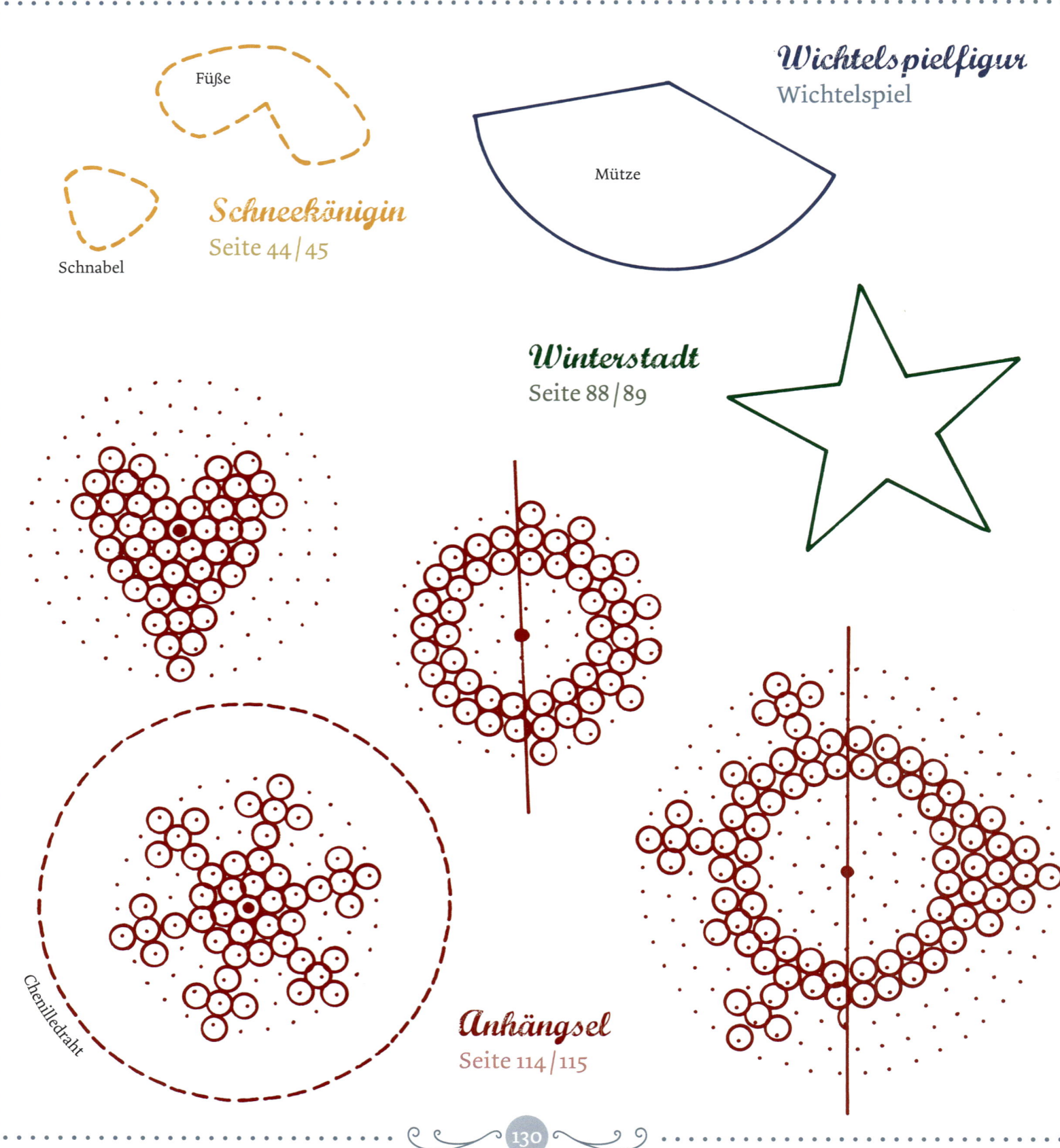

Füße

Schnabel

Schneekönigin
Seite 44 / 45

Mütze

Wichtelspielfigur
Wichtelspiel

Winterstadt
Seite 88 / 89

Chenilledraht

Anhängsel
Seite 114 / 115

Halbperlen

Weihnachtskerzen
Seite 14 / 15

Fenstersterne
Seite 58 / 59

Lebkuchenstand
Seite 38 / 39

1 cm

3 cm

3 cm

knicken

Christiane Steffan, geboren 1971, lebt mit ihrem Mann, Hasen und Hühnern im Odenwald. Sie liebt alles, was knallig bunt und lustig ist und hat schon immer gerne gemalt und gebastelt. Ihre große Begeisterung für das Hobby Basteln begann während ihrer Ausbildung in einem kleinen Kaufhaus mit Bastelabteilung. Seit 2001 veröffentlicht sie Bastelbücher zu verschiedenen Themen. Wenn Sie mal nicht bastelt, näht sie, geht ins Kino oder liest Thriller. Anregungen, Kritik oder Fragen kannst du unter *christiane.steffan@web.de* direkt an die Autorin richten.

Fotos: frechverlag GmbH, 70499 Stuttgart; lichtpunkt, Michael Ruder, Stuttgart (4, 8, 14, 18, 20, 24, 28, 35, 38, 44, 49, 51, 54, 58, 64, 68, 74, 78, 81, 88, 94, 98, 101, 104, 108, 114, 118, Umschlagvorder- und Rückseite)
Christiane Steffan (5, 9, 12, 15, 19, 21, 24 o. l. und u. l., 25, 28 u. r., 29, 34, 39–41, 45, 48, 50, 55, 58 u. r., 59, 64 u. r., 65, 69–71, 75, 79, 84, 85, 88 r., 89, 92, 95, 98 u. r., 99, 105, 109, 112, 115, 118 u. r., 119)
Fotolia: 3 (jomare), 7 (Ints), 13 (Stefan Gräf), 17 (Kathrin 39), 23 (Alice Rawson), 27 (flucas), 33 (ChristArt), 37 (fotofrank), 43 (p!xel 66), 47 (redhorst), 53 (Marina Grau), 57 (marderpinsel107), 63 (ta samaya), 67 (Julia Meine), 73 (Ami Schroeder), 77 (HL Photo), 87 (Gorilla), 93 (Kzenon), 97 (somenski), 102 (Marzanna Syncerz), 107 (Julia Otto), 117 (reinobjektiv), Schmutztitel (kids.4pictures), Umschlagvorderseite Mitte (Noam) Umschlagrückseite Mitte (finnigan)
iStockphoto: 113 (Christopher Futcher)

Illustration: Antje Hagemann
Geschichten, Reime Aufmacherseiten und Wichtelspiel: Sandra Grimm
Notat: Andreas Eichele
Produktmanagement und Lektorat: Angela Vornefeld
Gestaltung und Satz: Katrin Kleinschrot und Karin Hauptmann
Druck und Bindung: Himmer AG, Augsburg

Auflage:	5.	4.	3.	2.	1.
Jahr:	2015	2014	2013	2012	2011

© 2011 frechverlag GmbH, 70499 Stuttgart

ISBN 978-3-7724-5747-0 Best.-Nr. 5747

Printed in Germany

Ein dickes *Danke*

… der Firma Marabu (Tamm) für ihre wundervollen Farben.

… der Firma UHU (Bühl) für alle verwendeten Klebstoffe.

… den Firmen Knorr-Prandell (Lichtenfels), Rayher (Laupheim) und efco (Rohrbach) für ihr perfektes Bastelmaterial.

… den Papierfirmen Heyda (Hagen) und Ludwig Bähr (Kassel) für die jahrelange tolle Unterstützung.

… meiner Freundin Simone für weihnachtliche Anregungen und Lektüre.

… meinen Freundinnen Konstanze und Roraslier für das Sammeln von Bechern und Flaschen und für die vielen lustigen Bastelabende zusammen mit Silke und Doris.

… meinen Produktmanagerinnen Frau Vornefeld und Frau Herud für ihr Vertrauen in mich, ihre große Geduld und die immer fantastischen Ergebnisse.

… meinem Mann Jürgen für seine Hilfe, das Händewärmen beim winterlichen Fotografieren, für viele leckere Mahlzeiten und überhaupt für alles.

… der Illustratorin, der Geschichtenautorin und dem Lektorat für ihre tolle Arbeit.

… allen anderen, die an diesem Buch gearbeitet und beteiligt waren.

Es ist für mich etwas ganz Besonderes!

Christiane Steffan